수제 베이스 35가지로 만드는

한입에 가정식 음료 100

요리 **신송이**

수작 걸다

<한입에 가정식 음료 100> 책 보기 설명서

1 35가지 수제 베이스로 만드는 100가지 가정식 음료

단순히 음료 레시피만 소개하는 데 그치지 않고 음료의 핵심인 청·코디얼·시럽·파우더·말린 과일 등 수제 베이스 만들기부터 꼼꼼하게 소개합니다. 무려 35가지 베이스를 소개, 이것만 만들어두면 언제고 원하는 음료를 집에서 만들 수 있습니다.

2 카페 히트 음료 & 스페셜 시그니처 음료

최근 카페에서 인기를 모으는 히트 메뉴를 한 권에 담았습니다. 그 속에는 저자가 수년간 음료 메뉴컨설던트로 활동하며 개발한 시그니처 메뉴도 수두룩합니다. 수많은 수강생들에게 사랑받아온 스페셜 시그니처 메뉴도 소개했습니다.

3 카페 음료의 시크리트 大공개

똑같은 레시피인데 카페에서 사먹는 음료와 가정에서 직접 만든 음료의 맛이 다른 이유는 뭘까요? 디테일에 주목하세요. 책 속 100가지 팁이 우리집 주방을 입소문난 동네카페로 바꿔줍니다.

4 일러두기 : 재료 및 분량 기준

- 모든 음료의 아이스 메뉴는 16oz (473ml) 1잔 기준입니다.
- 모든 음료의 핫 메뉴는 8oz (236ml) 1잔 기준입니다.
- 컵의 기준은 200ml 계량컵 기준으로 하였습니다.
- 계량컵 1컵=종이컵 1과1/9컵입니다.
- 음료제조 시 큰술은 계량스푼 기준으로 하였습니다.
- 계량스푼 과일청 1큰술= 밥숟가락 수북이 1과1/3큰술(과일청 조각 포함)
- 계량스푼 코디얼 1큰술=밥숟가락 수북이 1큰술
- 계량스푼 시럽 1큰술 =밥숟가락 수북이 1큰술
- 계량스푼 파우더 1큰술 =밥숟가락 1과1/3큰술

Base
엘더플라워코디얼

Drink 1
엘더그린허브

Drink 2
퍼플엘더라임

Drink 3
엘더레모나

맛있는 가정식 음료를 만드는 황금비율

◎ 과일청 : 물 = 1:3
　코디얼 : 물 = 1:4

과일청과 코디얼에 뜨거운 물을 부어 차로 즐길 때는 그 비율을 1 : 3(과일청 조각 포함), 1 : 4로 잡고 취향에 맞게 청과 코디얼의 양을 가감하세요. 부드러운 맛을 원한다면 경도가 높은 생수 사용을 권해요. 반면 통에 받아놓았던 정수기 물을 끓여 차를 우리면 물에 산소가 적어 차가 맛있게 우러나질 않습니다. 주전자에 물을 부을 때는 팔의 각도를 45°로 높게 올려 위에서 아래로 부어야 물 속의 산소 주입 양이 높아져 물맛이 좋아집니다.

◎ 과일청 : 탄산수 = 1:3
　코디얼 : 탄산수 = 1:4

가정에서 가장 간단하게 만들 수 있는 여름음료입니다. 과일청은 과일청 조각을 포함해 넣고, 탄산수는 플레인을 기본으로 합니다. 톡 쏘는 강한 탄산의 맛을 좋아하면 태국산 보틀 탄산수를 권합니다. 탄산의 강도를 조절하고 재료 본연의 맛을 느끼고 싶다면 탄산수 제조기를 이용하는 것도 방법이에요.

◎ 과일청 : 탄산음료 = 1 : 6
　코디얼 : 탄산음료 = 1 : 7

당도가 높은 탄산음료에는 과일로 만든 청과 코디얼의 양을 조금 줄여주세요. 탄산음료는 탄산이 쉽게 빠지므로 185㎖ 작은 용량을 구입해 사용하세요. 당도가 높은 탄산음료에는 생과일 조각을 곁들여주세요. 과일이 당도를 흡수해 단맛을 줄여줍니다.

◎ 과일 : 물 : 얼음 = 1 : 0.5 : 1

과일 스무디는 주재료의 상태에 따라 만드는 방법이 달라집니다. 생과일을 사용할 때는 과일과 얼음은 동량, 물은 절반만 넣고 갈면 맛난 스무디가 완성됩니다. 냉동 과일 사용 시에는 얼음 없이 과일과 동량의 물만 넣고 갈아요. 딸기나 블루베리 등 베리류는 냉동을 사용하는 게 편리하고, 사과나 배, 포도, 감귤류는 생과일을 사용하는 것이 좋습니다.

◎ 홍차 : 우유 = 1 : 20

홍차 잎은 적은 양으로도 깊게 우러나와 다른 재료에 비해 적게 넣어야 합니다. 취향에 따라 약간의 물을 섞어도 청량감 있는 밀크티를 만들 수 있습니다. 홍차 잎 : 우유 : 물의 비율을 1 : 15 : 5로 잡아주세요. 우유에 홍차 잎을 섞을 때에는 잘게 부숴져 있는 BOP 등급이 적당합니다. 티백을 사용해도 좋은데 보통 티백 1개에는 1.5~2g 정도의 홍차가 들어있습니다.

◎ 허브 + 탄산수 = 1 : 60

향이 강하고 수색이 아름다운 허브를 우려 청량감 가득한 음료를 만들 수 있습니다. 그냥 물보다 탄산수를 넣으면 입안에서 상쾌함이 배가되지요. 이때 직접 만든 시럽을 넣어준다면 더 완벽한 음료가 될 것입니다. 붉은색을 원한다면 히비스커스를, 푸른 계열을 원한다면 블루멜로우 허브를 추천합니다.

◎ 커피 : 우유 = 1 : 4

커피에 우유를 섞을 때는 1:4 비율이 적당합니다. 진한 커피 맛을 원하면 강배전으로 로스팅한 원두를, 바디감 있는 라떼를 만들고 싶다면 중배전의 원두를 사용하세요. 만약 더치커피에 우유를 섞는다면 병에 넣고 하루 정도 숙성 후에 음용해야 더 맛이 깊어집니다.

CONTENTS

HOME DRINKING INFORMATION

열두 달 과일 상식 ›› 15P
다양한 설탕의 종류와 쓰임 ›› 16P
저장 타입별 보관용기 추천 ›› 18P
음료 제조 시 필요한 간편 도구 ›› 20P
용기 관리법 ›› 21P
HOT vs COOL 음료 잔 선택하기 ›› 22P

PART 1
수제청으로 만든 음료

HOME MADE : BASE
자몽청 ›› 26P
청포도청 ›› 32P
키위청 ›› 38P
라임청 ›› 42P
패션프루트청 ›› 48P
레몬청 ›› 52P
라즈베리청 ›› 58P

HOME MADE : DRINK
01 자몽에이드 by 자몽청
02 자몽그린아이스티 by 자몽청
03 자몽그라나타 by 자몽청
04 핑크자몽티 by 자몽청
05 코코넛청포도 by 청포도청
06 청포도케일스무디 by 청포도청
07 청포도에이드 by 청포도청
08 청포도주스 by 청포도청
09 키위요거트 by 키위청
10 키위민트아이스티 by 키위청
11 라임쿨러 by 라임청
12 라임큐컴버 by 라임청
13 모히또 by 라임청
14 라임바닐라티 by 라임청
15 패션프루트에이드 by 패션프루트청
16 패션프루트로제티 by 패션프루트청
17 레몬티 by 레몬청
18 레몬에이드 by 레몬청
19 레몬홍차아이스티 by 레몬청
20 레몬콕 by 레몬청
21 라즈베리크림소다 by 라즈베리청
22 라즈베리모히또 by 라즈베리청
23 라즈베리익스트림스무디 by 라즈베리청
24 라즈베리스무디 by 라즈베리청

PART 2
코디얼로 만든 음료

HOME MADE : BASE

- 딸기코디얼 ›› 66P
- 진저코디얼 ›› 72P
- 로즈코디얼 ›› 78P
- 엘더플라워코디얼 ›› 84P
- 비타민허브코디얼 ›› 88P
- 라벤더코디얼 ›› 94P
- 인삼코디얼 ›› 100P

HOME MADE : DRINK

- 25 딸기우유 by 딸기코디얼
- 26 딸기쉐이크 by 딸기코디얼
- 27 딸기주스 by 딸기코디얼
- 28 스트로베리바질 by 딸기코디얼
- 29 진저에일 by 진저코디얼
- 30 진저라떼 by 진저코디얼
- 31 진저비어 by 진저코디얼
- 32 진저아이스아메리카노 by 진저코디얼
- 33 로즈우바티 by 로즈코디얼
- 34 로즈레몬소다 by 로즈코디얼
- 35 로즈스트로베리스무디 by 로즈코디얼
- 36 로즈라떼 by 로즈코디얼
- 37 엘더플라워애플주스 by 엘더플라워코디얼
- 38 엘더플라워바닐라쉐이크 by 엘더플라워코디얼
- 39 비타민썬라이즈 by 비타민허브코디얼
- 40 비타민스무디 by 비타민허브코디얼
- 41 레드트로피컬 by 비타민허브코디얼
- 42 레드비타민 by 비타민허브코디얼
- 43 라벤더블루베리쉐이크 by 라벤더코디얼
- 44 라벤더큐브소다 by 라벤더코디얼
- 45 라벤더레몬티 by 라벤더코디얼
- 46 라벤더레몬비네거 by 라벤더코디얼
- 47 인삼바나나주스 by 인삼코디얼
- 48 인삼계피차 by 인삼코디얼

CONTENTS

PART 3
시럽으로 만든 음료

HOME MADE : BASE

- 바닐라시럽 ›› 106P
- 카라멜시럽 ›› 112P
- 연유시럽 ›› 116P
- 시나몬시럽 ›› 122P
- 얼그레이시럽 ›› 126P
- 초코시럽 ›› 132P
- 에스프레소시럽 ›› 138P

HOME MADE : DRINK

- 49 아이스바닐라라떼 by 바닐라시럽
- 50 바닐라라즈베리에이드 by 바닐라시럽
- 51 바닐라시나몬밀크티 by 바닐라시럽
- 52 바닐라바나나 by 바닐라시럽
- 53 카라멜마끼아또 by 카라멜시럽
- 54 카라멜쿠키쉐이크 by 카라멜시럽
- 55 딸기연유프라푸치노 by 연유시럽
- 56 스위트스팀밀크 by 연유시럽
- 57 타이라떼 by 연유시럽
- 58 키위밀크프라푸치노 by 연유시럽
- 59 애플시나몬티 by 시나몬시럽
- 60 오렌지스파이스아이스 by 시나몬시럽
- 61 얼그레이라떼 by 얼그레이시럽
- 62 얼그레이아이스티 by 얼그레이시럽
- 63 라벤더얼그레이소다 by 얼그레이시럽
- 64 얼그레이베르가못밀크티 by 얼그레이시럽
- 65 시나몬핫초코 by 초코시럽
- 66 얼그레이아이스초코 by 초코시럽
- 67 초코쉐이크 by 초코시럽
- 68 아이스카페모카 by 초코시럽
- 69 에스프레소블랜디드 by 에스프레소시럽
- 70 아이리시커피 by 에스프레소시럽
- 71 아이스소이라떼 by 에스프레소시럽
- 72 스위트아포카토 by 에스프레소시럽

PART 4
파우더로 만든 음료

HOME MADE : BASE
- 그린티파우더 ›› 146P
- 바닐라파우더 ›› 150P
- 핫초코파우더 ›› 154P
- 밀크티파우더 ›› 158P
- 냉침홍차 ›› 162P
- 콜드브루커피 ›› 168P

HOME MADE : DRINK
- 73 그린티아이스에스프레소 by 그린티파우더
- 74 그린티아이스라떼 by 그린티파우더
- 75 더블바닐라쉐이크 by 바닐라파우더
- 76 피인오렌지 by 바닐라파우더
- 77 라즈베리아이스초코 by 핫초코파우더
- 78 진저핫초코 by 핫초코파우더
- 79 로얄밀크티 by 밀크티파우더
- 80 밀크티쉐이크 by 밀크티파우더
- 81 애플샤워 by 냉침홍차
- 82 아이스와인 by 냉침홍차
- 83 냉침밀크티 by 냉침홍차
- 84 아이스티요구르트 by 냉침홍차
- 85 라떼 by 콜드브루커피
- 86 아인슈페너 by 콜드브루커피
- 87 자몽비앙코 by 콜드브루커피
- 88 아이스커피 by 콜드브루커피

PART 5
말린 과일로 만든 음료

HOME MADE : BASE
- 과일&허브 말리기 ›› 176P

HOME MADE : DRINK
- 89 베리로즈워터 by 말린 블루베리
- 90 핑크레이디워터 by 말린 자몽+말린 블루베리
- 91 레몬로즈마리워터 by 말린 레몬+말린 로즈마리
- 92 피나콜라다워터 by 말린 파인애플
- 93 애플민트라임워터 by 말린 애플민트+말린 라임
- 94 그린티멜로디워터 by 말린 레몬+말린 자몽
- 95 키위스트로베리워터 by 말린 키위
- 96 자몽파인워터 by 말린 자몽+말린 파인애플
- 97 라임다즐링티 by 말린 라임
- 98 허니레몬티 by 말린 레몬
- 99 로즈마리라임티 by 말린 라임+말린 로즈마리
- 100 키위바질티 by 말린 키위+말린 파인애플+말린 바질잎

INDEX 음료 종류별 레시피 찾기 ›› 186P

HOME DRINKING INFORMATION

열두 달 과일 상식 ›› 15P

다양한 설탕의 종류와 쓰임 ›› 16P

저장 타입별 보관용기 추천 ›› 18P

음료 제조 시 필요한 간편 도구 ›› 20P

용기 관리법 ›› 21P

HOT vs COOL 음료 잔 선택하기 ›› 22P

1 열두 달 과일 상식

HOME DRINKING INFORMATION

과일을 음료로 즐기기 좋은 계절입니다. 제철에 과일을 준비해 청과 코디얼을 만들어두세요. 일년 열두 달 달콤한 수제청과 코디얼로 과일을 즐길 수 있습니다. 저장식의 주재료 과일에 대해 알아봅니다.

◎ **과일 상식 01** 청 vs 코디얼 과일 차이

과일의 맛과 향, 그리고 색에 주목하세요. 과일을 고를 때 향과 색이 너무 강하거나 진한 것은 수확 후 저장이 꽤 진행된 것으로 피하는 게 좋습니다. 수제청용은 너무 익은 것보다는 단단하고 신선한 과일이 적당하며, 열을 가하는 코디얼용은 과숙성 과일도 가능합니다.

◎ **과일 상식 02** 과일의 종류

감귤류 향과 신맛이 강하며 과육이 여러 부분으로 나뉘어 과즙이 많은 과일. 레몬, 귤, 라임, 오렌지, 자몽 등.

장과류 여러 개의 씨알이 송이를 이루는 과일. 과육이 무르고 달콤한 게 특징. 딸기, 포도, 무화과, 블루베리, 라즈베리 등.

핵과류 연한 외피를 가지고 있어 과즙이 많은 과일. 자두, 복숭아, 살구, 체리 등.

인과류 굳은 껍질의 열매 씨가 있는 과일로 과육이 단단해 보관이 용이한 게 특징. 사과, 배, 모과 등.

◎ **과일 상식 03** 음료별 과일 선택법

에이드 레몬, 귤, 라임, 오렌지, 자몽, 딸기, 포도, 무화과, 블루베리, 라즈베리

주스 사과, 배, 레몬, 귤, 라임, 오렌지, 자몽.

스무디 자두, 복숭아, 살구, 체리, 딸기, 포도, 무화과, 블루베리, 라즈베리.

◎ **과일 상식 04** 과일 제철 캘린더

1~2월 딸기, 귤, 천혜향, 레드향
3~4월 체리, 대저토마토
5~6월 복분자, 산딸기, 오디, 매실, 오렌지, 토마토
7월 오렌지, 복숭아, 블루베리, 살구, 포도
8월 키위, 블루베리, 살구, 토마토, 포도, 복숭아
9월 무화과, 복숭아, 블루베리, 키위, 포도,
10월 사과, 모과, 유자, 오미자, 메론, 키위
11월 배, 유자, 감, 홍시, 사과, 레몬, 석류

2 다양한 설탕의 종류와 쓰임

HOME DRINKING INFORMATION

가정식 음료 만들기에
가장 중요한 재료가
설탕입니다. 청, 코디얼,
시럽, 파우더, 말린
과일… 어느 것 하나 설탕
없이는 만들기 어렵지요.
흔히 알고 있는 백설탕,
황설탕, 흑설탕 외에도
최근 다양한 성분으로
무장한 설탕이 속속
등장하고 있습니다.
각각의 특징을 알고
선택해 사용하세요.

◎ 백설탕

백설탕은 설탕의 제조과정 중 가장 먼저 만들어져
순도가 높은 깨끗한 설탕입니다. 커피나 홍차 등
본래의 지닌 맛을 내고 싶을 때 사용하세요. 책속에
소개된 모든 레시피에 사용 가능한 설탕입니다.

◎ 흑설탕

정제된 설탕에 카라멜을 입힌 것으로 백설탕보다
끈적이며 덩어리지기 쉽습니다. 홍차시럽이나
커피시럽처럼 색이 진한 시럽을 만들 때 조금
넣으면 잘 어울려요. 당도는 백설탕과 황설탕에 비해

◎ 설탕 보관 노하우

눈에 보이지는 않지만 설탕 봉지에는 공기가 빠져 나갈 수 있는 작은 숨구멍이 있답니다. 그러므로 설탕은 습한 곳을 피하고, 냄새가 배어들 수 있는 식재료와 함께 두지 마세요. 만약 설탕에 냄새가 배었다면 넓은 접시에 설탕을 펼쳐 전자레인지에 5~10초 말렸다 사용하세요

◎ 자일로스설탕

자작나무, 메이플 등에서 유래한 자일로스 성분이 함유된 설탕입니다. 단맛은 백설탕의 60% 정도이며, 자일로스 성분이 설탕의 체내 흡수를 39.9%로 낮춰줍니다. 입자가 고와 과일청을 만들 때

◎ 타가토스설탕

사과, 치즈 등에서 추출한 감미료로 백설탕 기준 단맛이 92%에 달해 가장 설탕과 유사한 단맛을 지녔습니다. 식후 혈당상승을 억제하는 기능이 있으며 칼로리는 백설탕의 1/3 수준입니다.

3 저장 타입별 보관용기 찾기
HOME DRINKING INFORMATION

오랜 시간 공들여 만든 청, 코디얼, 시럽, 파우더 등의 수제 음료 베이스는 어떤 용기에 어떻게 보관하는가에 따라 맛과 향은 물론 보관기간이 달라집니다. 각 저장식의 특성에 맞춰 알맞은 보관용기를 추천합니다.

◎ 청 → 짧고 입구가 넓은 병

숙성 후 냉장보관하는 수제청은 입구가 넓은 병을 선택하세요. 과일청 조각을 쉽게 건질 수 있게끔 입구가 넓고 길이가 짧은 병을 추천합니다. 개봉 전에는 6개월 보관이 가능하며 개봉 후에는 3개월 안에 섭취를 권합니다.

◎ 파우더 → 짧고 입구가 넓은 병

파우더는 입구가 넓은 병이 적당합니다. 너무 큰 통에 대용량으로 만들어두면 습기가 차거나 파우더가 산화될 가능성이 있으니 필요한 만큼 적은 양씩 만들어 쓰세요. 뚜껑을 잘 닫아 직사광선을 피해 보관하세요.

◎ 시럽 → 길고 입구가 좁은 병

시럽은 병입해 조금씩 따라서 사용하므로 길고 입구가 좁은 병이 알맞습니다. 내용물에 따라 1~3개월 냉장보관합니다. 병 주둥이에 시럽이 묻지 않도록 청결을 유지해야 보관기간을 늘릴 수 있습니다.

◎ 코디얼 → 길고 입구가 넓은 병

과일에 열을 가한 뒤 건더기를 넣고 숙성시켰다가 액체를 걸러 사용합니다. 입구도 널찍하고 깊이가 있는 병을 선택하세요. 반드시 냉장보관해야 하며, 냉장보관시 6개월 사용 가능합니다.

◎ 말린 과일 → 병 또는 지퍼백

과일의 원형이 망가지지 않도록 입구가 넓은 병이나 지퍼백에 넣어 보관하세요. 봉투에 필요한 만큼씩 1회분씩 소분해두는 것도 방법입니다. 양이 많을 때는 차곡차곡 쌓아 지퍼백에 담아 냉동실에 보관합니다.

HOME DRINKING INFORMATION

4 음료 제조 시 필요한 도구

가정식 음료를 만들 때 몇 가지 도구가 필요합니다.
이것만 있으면 우리 집 주방에서도 훌륭한 음료를 만들 수 있지요.

◎ **드리퍼와 필터**
드리퍼의 형태와 구조에 따라 다른 맛의 커피가 추출됩니다. 대표적으로 하리오는 깊은 맛의 커피를, 칼리타는 가벼운 맛의 커피를 내리기 좋습니다. 필터는 크기, 형태, 색깔에 따라 맛에 차이가 생깁니다.

◎ **프렌치프레스**
원래는 커피를 추출하는 도구이지만 편리한 사용법으로 차를 우리기도 합니다. 뜨겁게 예열한 프렌치 프레스에 커피나 차를 넣고 뜨거운 물을 붓고 3~4분 뒤 거름망을 아래로 내려 차나 커피를 추출합니다. 500ml 기준, 음료 베이스 서너 잔이 나옵니다.

◎ **티포트**
뜨거운 차를 준비할 때 꼭 필요한 도구이지요. 사용 전에는 항상 예열에 신경써야합니다. 예열 후 차를 담고 뜨거운 물을 부어 차를 우린 뒤 거름망에 거르면 향긋한 차가 완성됩니다. 홍차는 2분, 허브는 4분간 우립니다.

◎ **거름망**
차를 우리고나서 찻잎을 거를 때 사용하는 도구입니다. 잎이 작은 차를 우려서 거를 때는 2중으로 된 거름망을, 밀크티처럼 잘게 부서진 차를 거를 때는 3중 거름망을 사용해야 깔끔한 결과물을 얻을 수 있습니다.

◎ **믹서**
용량에 따라 핸드 믹서, 대용량 믹서로 나뉘는데 최근에는 마력이 강한 고속 믹서가 인기입니다. 스무디나 프라프치노처럼 얼음 또는 아이스크림을 갈 때 용이하지요. 사용 후에는 믹서 볼 세척에 주의하세요. 스크래치가 생기면 세균이 번식할 수 있습니다.

5 용기 관리법
HOME DRINKING INFORMATION

저장식의 핵심은 보관에 있습니다. 그 시작이 용기 소독이지요. 소독에는 끓는물을 이용하는 것과 소독액을 이용하는 것 두 가지가 있습니다. 가정에서는 끓는물 소독법이 일반적이지요. 당일 소독한 병은 당일 사용을 권합니다.

◎ **끓여서 소독하는 방법**
냄비에 찬물을 붓고 병을 거꾸로 두고 가열을 시작합니다. 물의 양은 병의 1/3이 잠길 만큼이 적당합니다. 끓기 시작하면 10분 정도 더 가열한 뒤 집게를 이용해 병을 꺼내 망에 올려 말립니다. 또는 100℃ 정도로 예열한 오븐에 병을 거꾸로 넣고 말려도 됩니다. 병뚜껑은 끓는물에 담갔다 빼는 정도로만 소독해주세요. 끓는물에 병뚜껑을 넣고 끓이면 뚜껑 안쪽의 고무패킹이 늘어나 밀폐 기능이 떨어집니다.

◎ **소독액을 뿌리는 방법**
세제로 병 안쪽과 입구 그리고 외부를 세척한 뒤 마른 천으로 물기를 제거합니다. 이후 세나이트라는 소독용액을 물에 희석해 분무기에 넣어 세척한 병에 뿌린 뒤 건조시킵니다. 병뿐만 아니라 주방용품 모두 같은 방법으로 소독 가능합니다.

HOME DRINKING INFORMATION

6 HOT vs COOL 음료 잔 선택하기

음료의 맛을 완성하는데 있어 잔의 역할은 의외로 큽니다.
어떤 잔을 선택하는가에 따라 맛과 향이 배가될 수도,
떨어질 수도 있지요. 뜨거운 음료와 차가운 음료로 나누어
각각의 타입별 잔을 소개합니다.

HOT 라떼
둥글고 커다란 카페라떼 잔은 320ml 용량으로 아메리카노 잔으로도 사용되지요. 우유 거품을 올리는 카페라떼는 같은 용량이라도 깊은 잔보다 지름이 넓은 잔을 선택합니다.

HOT 에스프레소
데미타세 잔이라고 불리며 80ml 용량의 작은 잔입니다. 주로 에스프레소 잔으로 사용되며, 작은 용량의 계량이 필요할 때도 유용합니다.

HOT 도피오
더블에스프레소 잔으로 불립니다. 130ml 용량으로 아이스크림 그릇으로 활용하기도 좋지요. 1스쿱이 딱 들어가 아이스크림 용량을 측정할 때도 편리합니다.

HOT 카푸치노
220ml 용량으로 풍성한 우유 거품을 느낄 수 있게 만들어진 잔입니다. 핫초코, 홍차를 즐기기에도 좋은 사이즈입니다. 오븐에 넣어도 되는 재질이라면 컵케이크를 만들 때 활용하세요.

◎ 핫 음료의 종류
과일차 말린 과일 또는 수제청 + 뜨거운 물
홍차 홍차 잎 또는 홍차 티백 + 95℃의 뜨거운 물
커피 에스프레소 또는 더치커피/콜드브루커피 베이스
허브차 말린 허브 + 뜨거운 물

ICE 하이볼
넉넉한 용량으로 내용물이 많은 음료의 잔으로 적당합니다. 모히또나 과일 에이드처럼 재료를 담고 얼음을 채운 뒤 탄산수를 붓기 좋지요. 한여름 시원한 맥주잔으로도 활용도가 높습니다.

ICE 락
플랫화이트나 롱블랙 커피를 즐길 때 자주 사용합니다. 유리가 두껍고 튼튼하여 찬 음료는 물론이고 뜨거운 음료나 커피, 차를 넣어도 좋습니다.

ICE 스템리스
와인 잔에서 다리를 없앤 모양의 잔입니다. 주스, 스무디 등의 음료에 잘 맞으며 컵 디저트를 만들 때도 이용되지요. 티라미수나 무스 젤리 등을 넣어도 근사해 보입니다.

ICE 콜린스
위아래의 지름이 일정한 잔으로 주스 등 청량감을 표현해야 하는 음료를 담습니다. 탄산이 잘 빠져나가지 않아 탄산수나 탄산 베이스의 음료를 담아 마시기에도 안성맞춤입니다.

◎ 찬 음료의 종류
아이스티 과일 + 우린 차
에이드 과일 + 탄산수 또는 탄산음료
쉐이크 아이스크림 + 우유
스무디 과일 또는 채소 + 물 + 얼음

달콤한 과일 베이스의 프레시 드링크 **PART 1**

수제청으로 만든 음료

요즘 수제청이 대인기이지요. 집에서 만드는 청은 당도 조절이 가능해 입맛에 맞게 즐길 수 있지요. 인공적인 색소나 향료 걱정도 없답니다. 사계절 내내 과일을 맛볼 수 있고 냉장기술까지 발달해 마음만 먹으면 언제든지 만들 수 있습니다. 먹다 남은 과일이 있다면 망설이지 말고 청을 담그세요. 행복한 시간이 추억이 되어 음료를 더욱 빛내줍니다.

◎ **주재료** 당도가 높고 향이 강한 과일

청의 주재료는 과일과 채소다. 당분이 많은 과일청은 음료 원액으로 활용하고 생강, 무, 고추 등으로 만드는 채소청은 조리 시 대체 조미료로 사용하기 좋다. 청에 넣는 과일의 당도가 높을수록 설탕의 양을 줄인다.

◎ **만들기 핵심** 과일 당도별로 설탕 양 조절

청 만들기의 성패는 설탕의 양에 달려 있디 해도 과언이 아니다. 주재료와 설탕의 기본 양은 1:1. 다만 과일 당도에 따라 설탕의 양을 주재료의 50~80%까지 낮출 수 있다. 설탕 양을 50%로 줄였다면 반드시 냉장보관하고 보관기간은 1주일을 넘기지 않는다.

◎ **주의사항** 재료와 도구의 물기 제거

청을 담글 때는 모든 재료에 물기부터 제거해야 한다. 칼, 도마, 보관병, 과일 자체의 물기를 모두 없애고 청 담기를 시작한다. 물기가 남아 있으면 청이 부패되면서 맛이 달라짐과 동시에 보관기간도 단축된다.

◎ **보관법** 종류에 따라 1~3개월

재료의 종류에 따라 보관법과 그 기간이 달라진다. 수분 함량이 많은 자몽은 냉장실 1개월, 산미가 강한 레몬청이나 라임청 등은 냉장실 3개월 보관이 가능하다. 좀 더 오랫동안 보관을 원한다면 냉장실 안쪽 깊숙이 두고 물기 없는 스푼을 이용하자. 랩을 이용해 산소 접촉을 막는 것도 방법이다.

자몽청

일일이 껍질 벗기기가 쉽지 않아 손이 덜 가는 자몽. 청으로 담가두면 언제고 한잔씩 즐기기 좋지요. 자체 당도도 높아 설탕의 양을 20%가량 줄여 담가도 됩니다. 자몽은 수분이 많고 산도가 낮으므로 설탕이 녹으면 곧바로 냉장보관해야 합니다. 자몽청을 담글 때 레몬즙을 함께 넣으면 청의 밸런스를 잡을 수 있지요. 과육이 빨간 루비자몽 또는 레드자몽을 선택하세요. 맛에 차이는 없으나 향미가 살짝 다르답니다.

자몽 중간크기 1개(400g), 설탕 1컵(180g), 레몬즙 2큰술

1. 자몽은 세척해 물기를 제거한다.
2. 감자 칼로 자몽 겉껍질을 2cm 폭으로 3줄 깎는다.
3. 자몽의 겉껍질을 제거하고 내피도 벗겨 과육 알맹이만 남긴다. 미끈미끈한 자몽의 내피는 청으로 담갔을 때 식감에 좋지 않으니 깨끗이 벗긴다.
4. 자몽 알맹이에 설탕 1컵과 레몬즙 2큰술을 넣고 주걱으로 70% 정도 으깨며 섞는다.
5. 밀폐용기에 ❷의 자몽 겉껍질을 용기 벽면에 붙이고 자몽청을 넣는다.
6. 상온에서 하루 숙성 후 냉장보관한다.

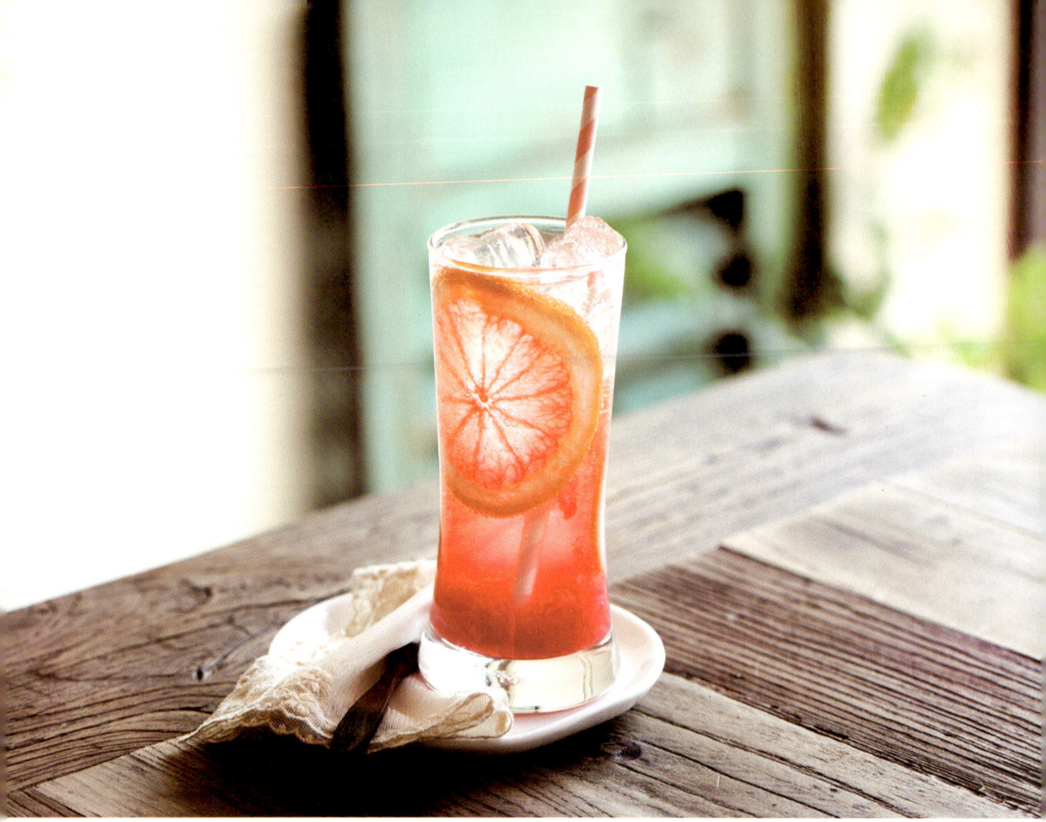

01 자몽에이드

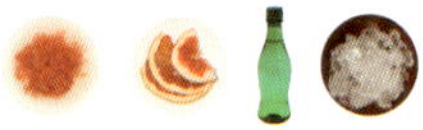

입안에서 알알이 터지는 자몽 알맹이와 탄산의 조화가 인기 만점이지요. 인공 단맛에 지친 이들에게 유독 인기가 좋아요. 자몽에이드에 분위기를 내고 싶다면 자몽 슬라이스 1~2조각을 활용해보세요.

자몽청 4큰술,
탄산수 1컵(200ml),
얼음 1컵,
자몽 슬라이스 2조각

1. 폭이 좁지 않은 잔을 준비한다.
2. 자몽청을 과육과 함께 4큰술 넣는다.
3. 얼음을 가득 채운다.
4. 자몽 슬라이스를 잔 벽면에 붙인다.
5. 탄산수를 붓고 머들러로 아래위로 잘 섞어 마무리한다.

COOKING TIP **과일 껍질 활용하기**

대다수 과일의 향은 껍질에 함유되어 있지요. 가정에서 만든 청이 밋밋하게 느껴진다면 청을 만들 때 약간의 껍질을 버리지 말고 함께 넣으세요. 과일 본연의 향이 배어 과일청의 맛을 강하게 잡아줍니다.

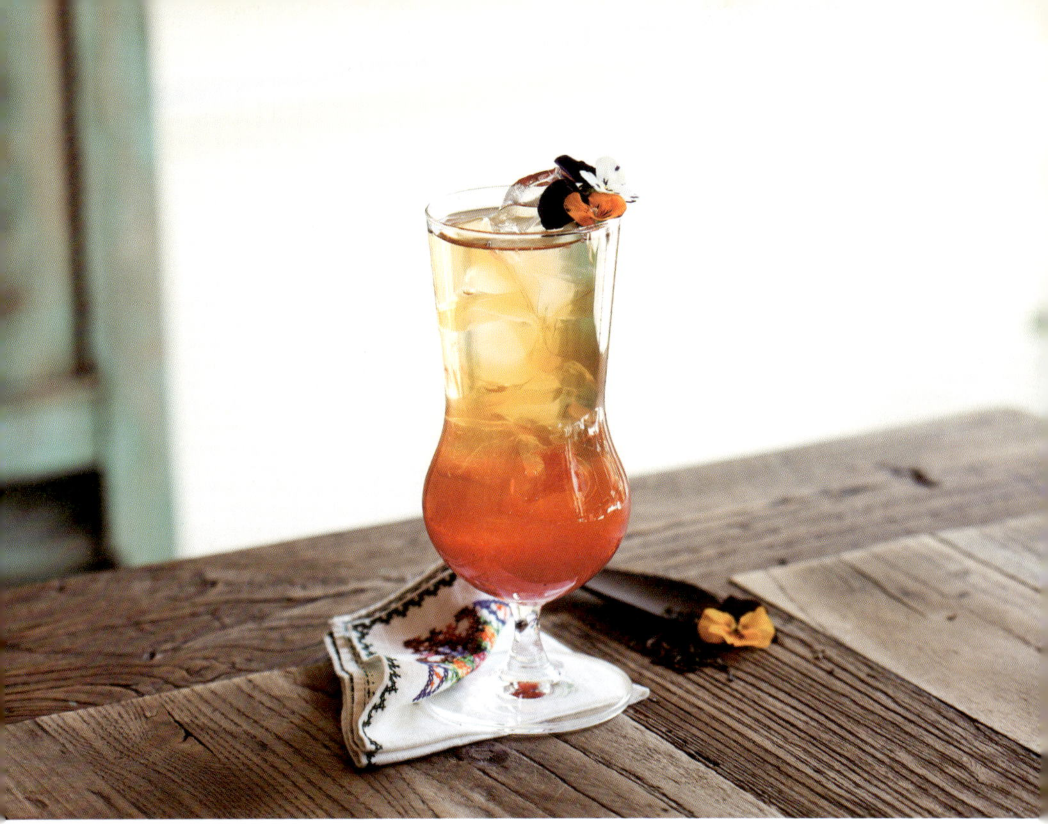

02 자몽그린아이스티

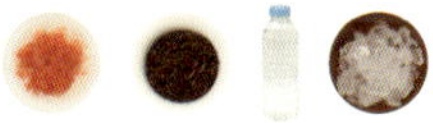

자몽청에 깔끔한 녹차 잎을 곁들인 음료로 중화권에서 많이 마시는 메뉴입니다. 자스민향 가득한 녹차를 우려 자몽청과 섞어주세요. 이때 자몽청과 녹차의 비율은 4:1이 적당합니다. 녹차를 너무 많이 넣으면 떫은맛이 강해져요.

자몽청 4큰술, 자스민 녹차 1큰술(5g), 뜨거운 물 1/2컵(100ml), 얼음 1컵, 장식용 식용꽃 약간

1. 티포트에 자스민 녹차 1큰술과 뜨거운 물 1/2컵을 넣어 3분간 우린다.
2. 3분 뒤 거름망에 걸러 은은한 자스민 녹차를 준비한다.
3. 잔에 얼음을 가득 채우고 자몽청 4큰술과 자스민 녹차를 넣는다.
4. 아래위로 잘 섞어 식용꽃을 잔에 얹어 마무리한다.

 **녹차와 홍차 우리기**

차를 우릴 때는 차의 양 3g 기준으로 3분이 적당합니다. 다만 찻잎의 산화도에 따라 우리는 적정 온도가 달라지는데 녹차는 75℃, 홍차는 95℃에 우려야 은은한 향과 맛이 배어나옵니다. 음료 베이스용으로 차를 우릴 때는 찻잎의 양을 늘려주세요.

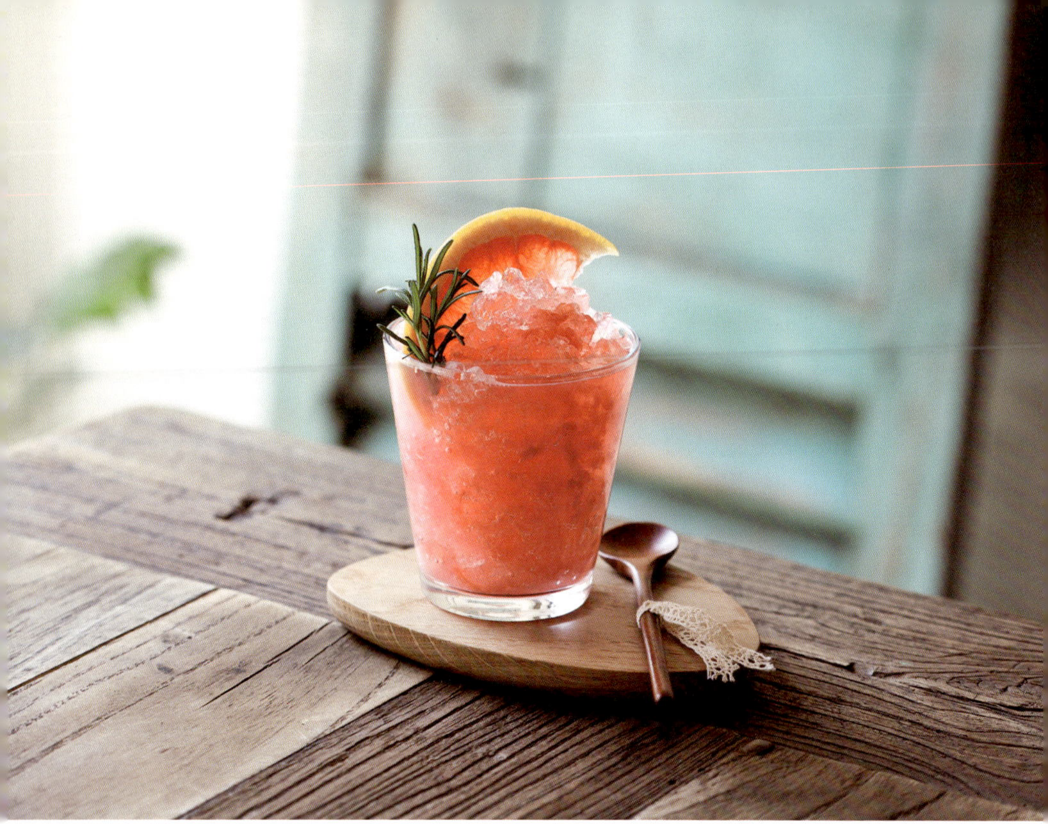

03 자몽그라나타

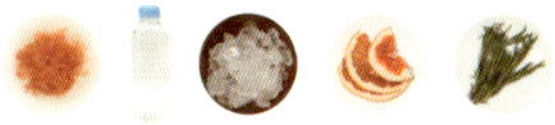

자몽과 얼음으로 만든 음료입니다. 얼음이 살살 씹혀 더운 여름날 이만한 갈증 해소제가 없지요. 여러 가지 과일로 그라나타를 만들어보세요. 달콤하고 시원한 그라나타는 온가족, 특히 아이들에게 최고의 인기 음료입니다.

자몽청 6큰술,
물 1/2컵(100ml),
얼음 2컵,
자몽 슬라이스 1조각,
로즈마리 약간

1. 믹서 볼에 얼음 1컵을 넣는다.
2. ❶에 자몽청 6큰술과 물을 넣고 1차 믹싱을 한다.
3. 어느 정도 갈리면 남은 얼음 1컵을 더 넣어 2차 믹싱을 한다. 이때는 굵은 얼음 질감이 날 만큼 간다.
4. 잔에 부어 자몽 슬라이스와 로즈마리로 장식해 마무리한다.

얼음 1/2씩 나눠서 갈기

얼음 음료를 만들 때 얼음은 나눠서 넣으세요. 한 번에 모두 넣어버리면 음료가 싱거워질 뿐만 아니라 얼음의 질감도 떨어지기 쉽습니다. 먼저 얼음의 반을 넣고 재료와 함께 간 뒤, 잔에 옮기기 전에 남은 얼음과 한 번 더 갈아주세요.

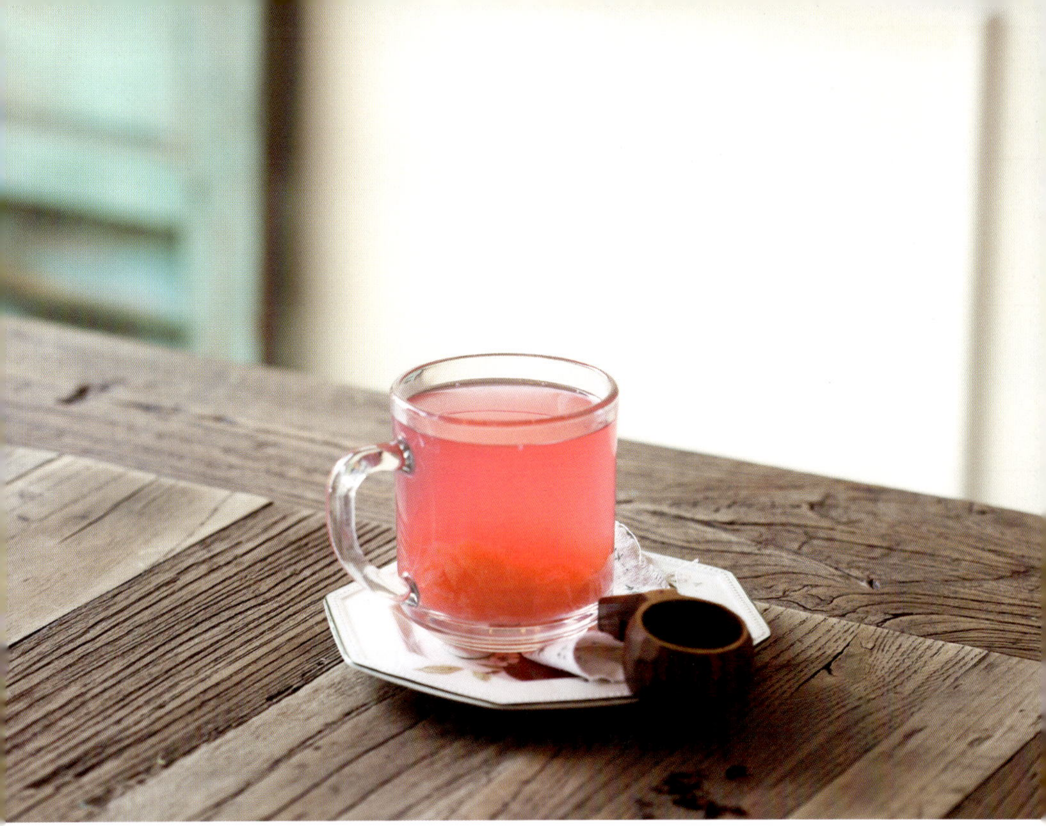

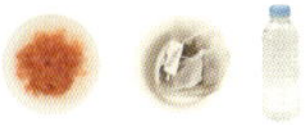

04 핑크자몽티

집에서 담근 자몽청으로 음료를 만들면 사먹는 것보다 색이 흐려 실망스럽지요? 이럴 땐 히비스커스 티백을 활용하세요. 색과 맛이 한층 상큼해지는 자몽티를 만날 수 있답니다. 자몽에 붉은 기운을 더해주세요.

자몽청 4큰술,
히비스커스 티백 1개,
뜨거운 물 1컵(200ml),
잔 데울 물

1. 물을 끓여 티포트와 잔의 1/2까지 붓고 30초간 예열한다.
2. 예열한 티포트에 히비스커스 티백 1개와 뜨거운 물 1컵을 넣어 3분간 우린다.
3. 예열한 잔에 자몽청 4큰술을 넣는다.
4. 3분간 우린 히비스커스티를 붓고 잘 섞어 완성한다.

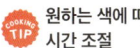 **원하는 색에 따라 시간 조절**

히비스커스티는 우리는 시간에 따라 그 색상도 달라집니다. 허브티는 보통 4분 정도 우리는데 핑크색 자몽티를 만들려면 3분만 우려도 충분합니다. 5분을 우리면 레드 컬러의 자몽티가 완성됩니다.

청포도청

씨 없는 청포도로 청을 만들어 알갱이의 식감을 즐겨보세요. 남녀노소가 좋아하는 청포도는 슬러시, 에이드 등의 음료를 만들기에 좋은 과일이지요. 특히 탄산과 잘 어울립니다. 채소와도 궁합이 좋아 시금치, 케일 등을 더해 색다른 음료로 즐길 수 있답니다. 청포도청을 만들 때 수분이 맺히는 포도의 양끝을 잘라내면 예쁜 색을 좀 더 오래 유지시킬 수 있답니다. 일주일 내로 먹지 않는다면 냉동보관해주세요.

청포도 2컵(200g), 설탕 1컵(180g), 레몬즙 1큰술

1. 청포도 알갱이를 식촛물에 5~10분 담근다. 너무 오래 담그면 과일의 맛이 빠져나갈 수 있으니 주의한다.
2. 청포도 알갱이를 키친타월에 올려 물기를 최대한 제거한다.
3. 청포도 알갱이의 양끝 갈변된 곳을 칼로 제거한다.
4. ❸의 청포도 절반을 1mm 두께로 슬라이스한다.
5. 믹서 볼에 남은 청포도와 설탕, 레몬즙을 넣고 곱게 간다. 청포도를 갈아서 청에 넣으면 맛과 향이 더욱 살아난다.
6. 밀폐용기에 ❺와 청포도 슬라이스를 넣어 하루 숙성 후 냉장보관한다.

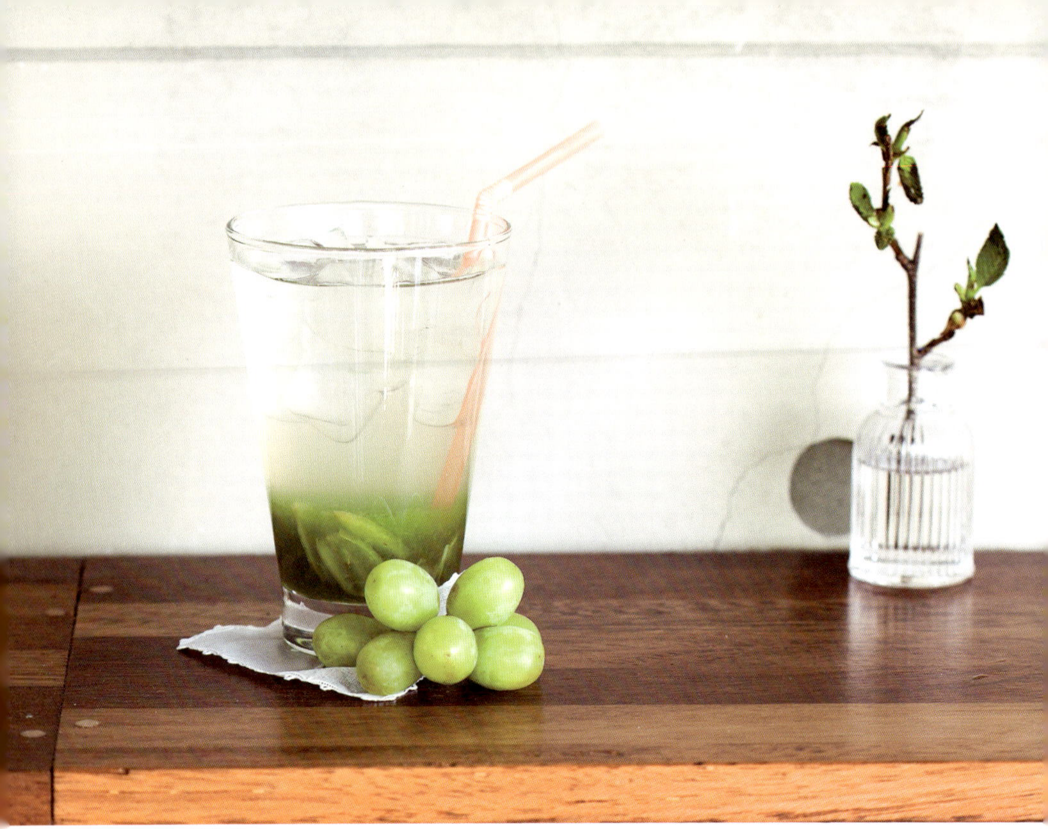

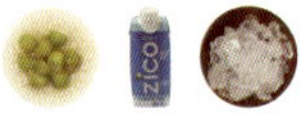

05 코코넛청포도

건강에는 좋지만 밍밍한 맛에 즐기기 어려운 코코넛워터. 이젠 청포도청과 시원하게 즐겨보세요. 아이들이 좋아하는 코코넛 음료 맛이 난답니다. 그래도 맛이 부족하게 느껴지면 복숭아시럽 1작은술을 추가하세요.

청포도청 3큰술,
코코넛워터
1컵(200ml),
얼음 1컵

1. 폭이 넓은 잔을 준비한다.
2. 청포도청을 3큰술 넣는다.
3. 얼음을 가득 채우고 코코넛워터를 붓는다.
4. 시원하게 즐기고 싶다면 코코넛워터를 차갑게 보관해 이용한다.

COOKING TIP 코코넛 젤리 더하기

시판용 코코넛 젤리를 더하면 쫀득하게 씹히는 맛이 어우러져 맛나지요. 중화권의 버블티처럼 열대지방에서 한끼 식사 대용으로 즐겨 마시는 음료랍니다. 음료용 젤리는 작은 사이즈로 구입하세요.

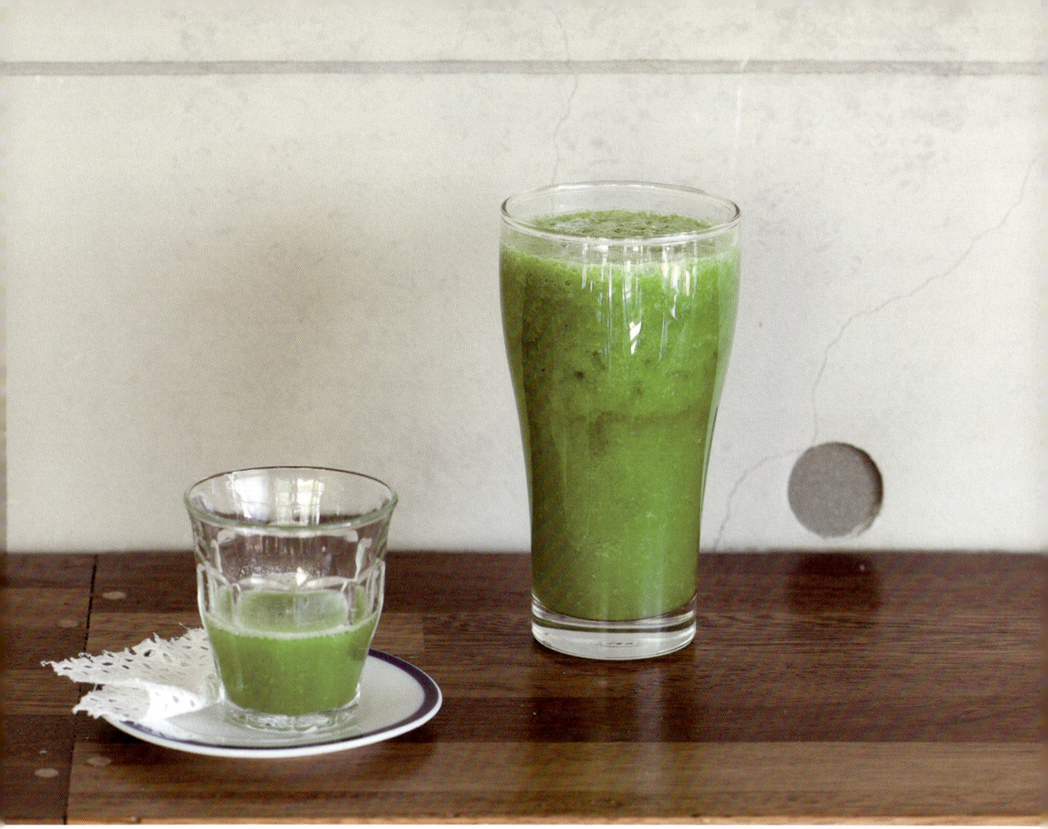

06 청포도케일스무디

요즘 그린 스무디가 유행이지요! 청포도청이 케일 같은 녹황색 채소를 맛있는 음료로 탈바꿈시켜줍니다. 채소와 청포도청이 서로의 부족한 면을 보안해 달콤하면서도 쌉싸름한 색다른 맛이 나옵니다.

청포도청 5큰술,
케일 2장,
물 1/2컵(100ml),
얼음 1컵

1. 케일의 줄기를 제거해 적당한 크기로 자른다.
2. 믹서 볼에 분량의 청포도청과 손질한 케일을 넣는다.
3. ❷에 물과 얼음을 넣고 가장 빠른 속도로 간다. 생잎을 음료에 넣고 갈 때는 빨리 갈아야 영양소 파괴를 줄일 수 있다.
4. 폭이 좁지 않은 잔에 따른다.

COOKING TIP
케일 대신 생시금치 활용

케일이 없을 때는 시금치로 대체해도 좋아요. 케일에 비해 크기가 작은 시금치는 케일의 2배를 넣어야 초록색의 스무디 색을 낼 수 있답니다. 케일이 씁쓸하고 쌉쌀한 맛이 난다면 시금치는 달큰한 맛이 납니다.

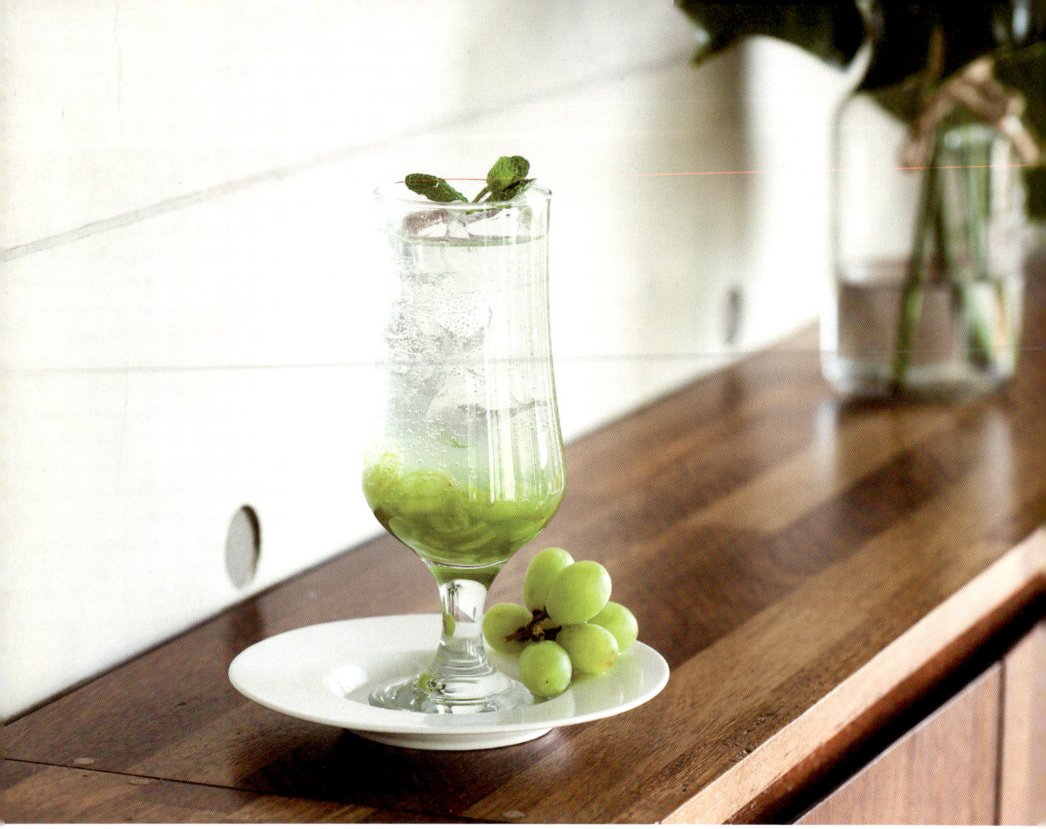

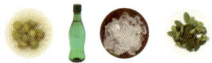

07 청포도에이드

과일에 탄산수나 탄산음료를 섞는 에이드는 대표적인 여름 음료이지요. 청포도에이드는 마시기 전에 가라앉은 청을 잘 섞어야 해요. 청포도향이 부족하다면 시판용 청포도 퓨레를 조금 넣는 것도 방법입니다.

청포도청 4큰술,
탄산수 1컵(200ml),
얼음 1컵,
애플민트 약간

1. 잔에 청포도청 4큰술을 넣는다.
2. 얼음을 가득 채우고 탄산수 1컵을 붓는다.
3. 애플민트로 장식해 마무리한다.
4. 마시기 직전에 머들러로 아래위로 섞어야 맛있다.

COOKING TIP **탄산수 마지막에 붓기**

주재료에 탄산수를 섞는 음료는 탄산수를 마지막 단계에 넣어야 탄산이 살아있습니다. 무거운 청이 잔의 바닥에 가라앉으면서 탄산수와 분리되어 예쁜 층도 생겨요.

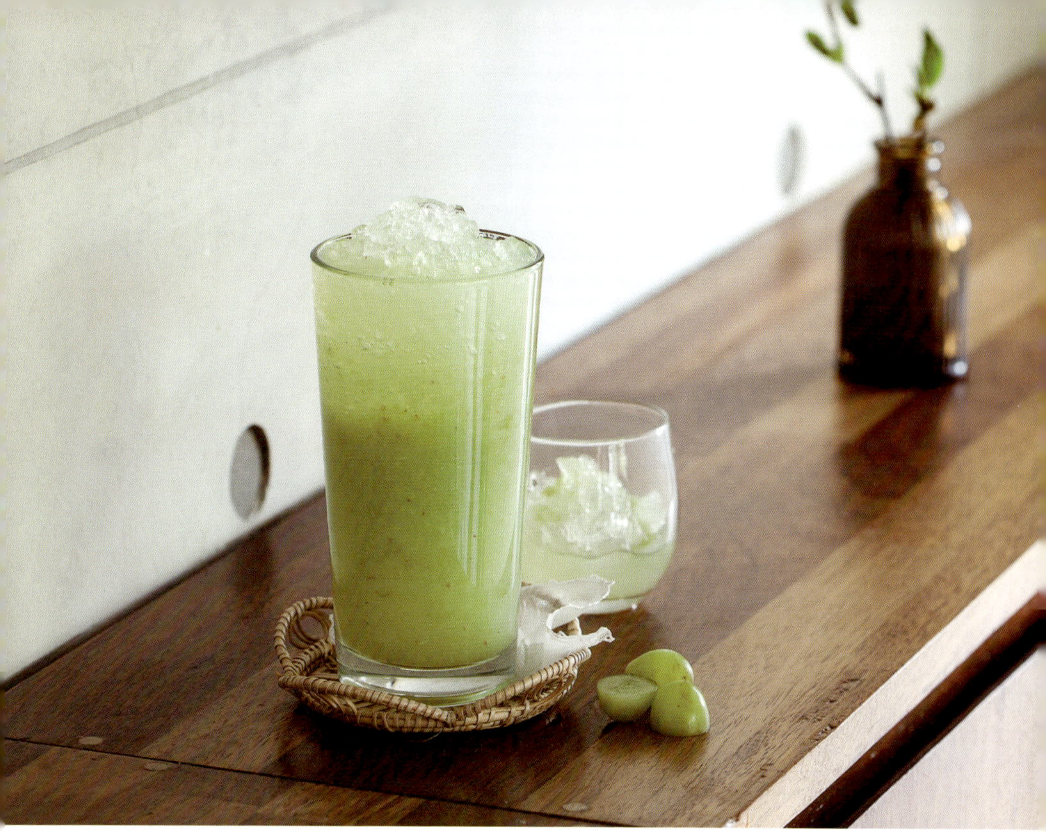

08 청포도주스

청포도는 아주 달고 시지 않아 청포도에 물만 넣고 갈면 그 맛이 싱겁게 느껴집니다. 이때 청포도청을 더하면 더 달콤하고 진한 맛의 청포도주스가 완성됩니다. 청포도는 알맹이가 쉽게 무르지 않아 청으로 즐기기 좋아요.

청포도청 2큰술,
청포도 1컵(100g),
물 1컵(200ml),
얼음 1과1/2컵

1. 잔에 얼음 1컵을 채워 준비한다.
2. 얼음 1/2컵은 잘게 갈아둔다.
3. 믹서 볼에 청포도청과 청포도, 물을 넣고 간다.
4. 얼음이 담긴 잔에 ❸의 주스를 붓는다.
5. 잘게 갈린 얼음을 올려 마무리한다.

COOKING TIP **청포도 음료 마시는 방법**

청포도주스는 갈변현상이 빠르게 일어나 오랫동안 두고 마시기 어렵지요. 1~2시간 안에 마시는 게 좋습니다. 착즙으로 즙을 내면 연두빛 색상이 조금 더 유지됩니다.

키위청

엽산이 풍부한 키위청은 성장기 아이들이나 임산부에게 권하고 싶습니다. 키위청으로 음료를 만들면 그 색도 예쁘지요. 키위청을 만들 때는 그린키위를 선택하세요. 신맛과 단맛의 밸런스가 맞아 청으로 즐기기 좋답니다. 단맛이 강한 골드키위를 이용한다면 레몬이나 라임을 넣어 신맛을 더하고 설탕 양을 줄여주세요. 딸기, 망고가 들어간 음료에 키위청을 활용해도 궁합이 좋답니다.

키위 중간크기 3개(180g), 설탕 1컵(180g), 레몬즙 1큰술

1. 과도로 키위 껍질을 얇게 제거한다. 이때 뒤쪽의 심지 부분도 반드시 제거한다.
2. 키위 2개를 사방 1cm 큐브모양으로 썬다
3. 볼에 남은 키위 1개, 설탕 1컵, 레몬즙 1큰술을 넣고 으깬다.
4. ❸에 큐브모양으로 잘게 썬 키위를 넣고 한 번 더 섞는다.
5. 밀폐용기에 넣어 실온에 하루 숙성한다.
6. 냉장보관하여 사용한다.

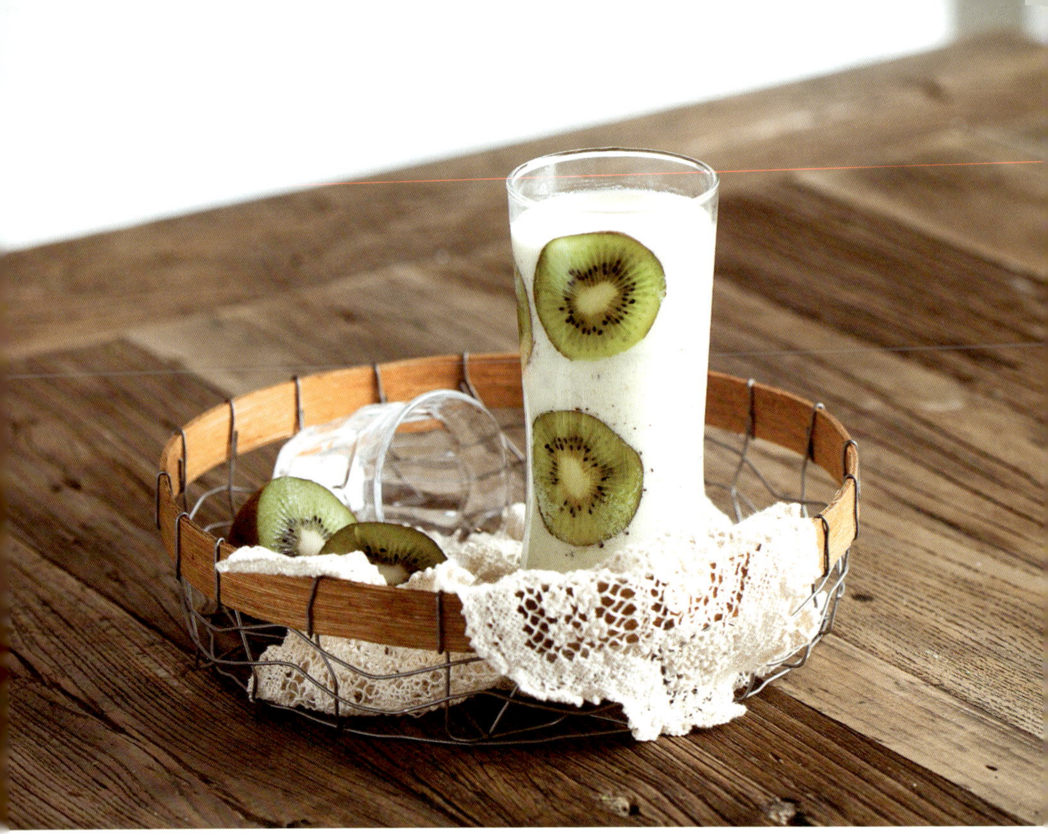

09 키위요거트

매일 아침 속이 불편한 사람들에게 적극 추천하는 음료예요.
섬유질 함량이 높은 키위는 대장운동에 도움이 되지요.
플레인요거트에 시럽 대신 키위청을 매칭한 음료입니다.

키위청 6큰술,
마시는 플레인요거트 1컵(200ml),
얼음 1과1/2컵,
키위 슬라이스 3조각

1. 믹서 볼에 키위청과 마시는 플레인요거트, 얼음을 넣고 간다.
2. 폭이 넓은 잔을 준비해 잔 벽면에 키위 슬라이스를 붙인다.
3. ❶의 키위요거트를 부어 완성한다.

COOKING TIP **아침식사로 플러스**

키위요거트 위에 뮤즐리나 과일, 견과류, 아몬드 슬라이스 등을 곁들여 아침식사 대용이나 간식처럼 즐겨도 좋습니다. 요즘 카페에서도 인기 메뉴이지요.

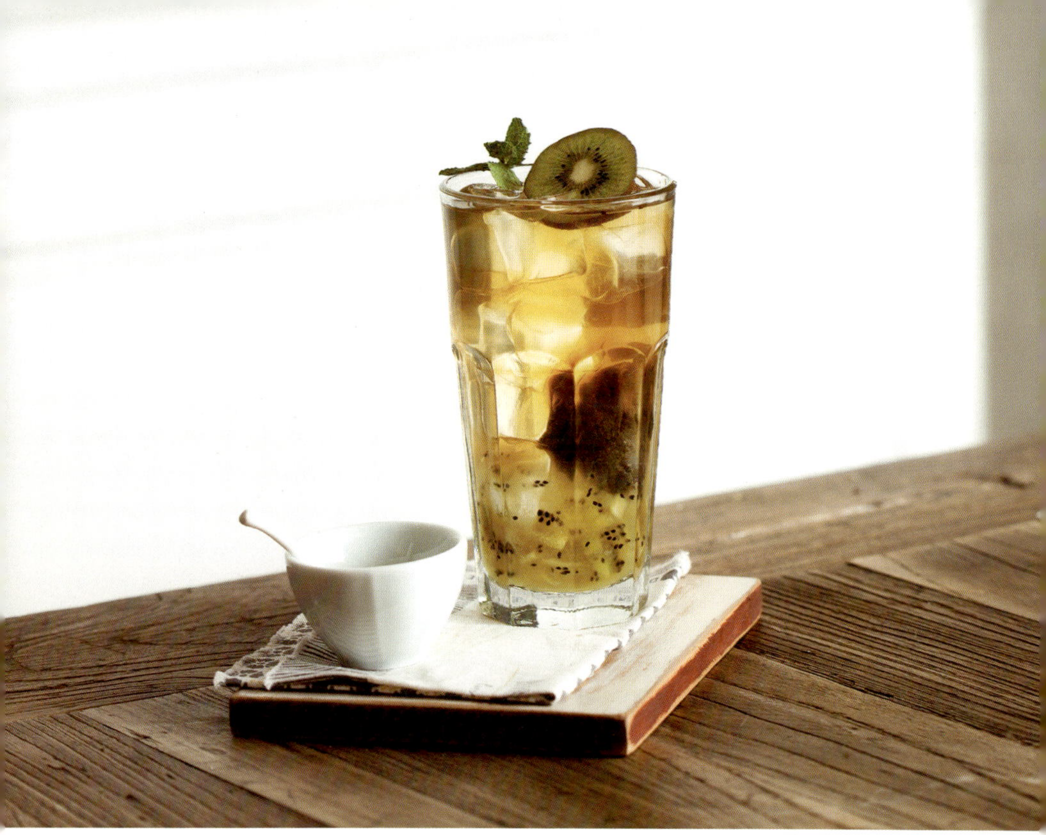

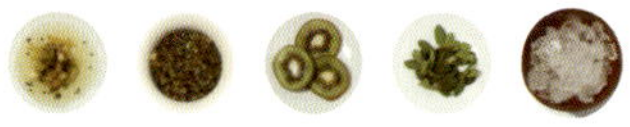

10 키위민트아이스티

천연 소화제로 불리는 페퍼민트는 식후에 차로 즐기면 소화에 도움이 되는 허브이지요. 키위청에 페퍼민트티를 섞어 디저트 음료로 만들었어요. 키위청에 마테차를 넣어도 그 맛이 비슷하답니다.

키위청 5큰술, 페퍼민트 1작은술(2g), 뜨거운 물 1/2컵(100ml), 얼음 1컵, 키위 슬라이스 1조각, 애플민트 약간

1. 뜨거운 물에 페퍼민트 1작은술을 넣어 3분간 우린다.
2. 잘 우려진 페퍼민트티를 거름망에 거른다.
3. 잔에 키위청 5큰술을 넣는다.
4. 얼음을 넣고 ❷의 페퍼민트티를 부어 고루 섞는다.
5. 키위 슬라이스와 애플민트로 장식한다.

COOKING TIP 키위청에 바질 씨앗 넣기

키위 씨와 바질 씨앗은 색과 맛이 거의 비슷합니다. 키위청을 만들 때 최근 다이어트 식품으로 각광받는 바질 씨앗을 가장 마지막 단계에 1작은술 정도 넣어주세요. 청에 대한 부담감도 줄일 수 있어요.

라임청

라임은 음료뿐만 아니라 알코올에 믹스해도 훌륭한 베이스가 되지요. 레몬, 자몽 등에 비해 가격대가 높아 냉동 라임도 즐겨 씁니다. 냉동 라임은 80% 정도 얼었을 때 썰어야 그 모양이 유지되어요. 라임의 초록색은 청을 담근 지 하루이틀이면 사라지니 만약 초록색을 유지하고 싶다면 설탕이 녹자마자 냉동해두세요. 설탕을 잘 저어 섞은 뒤 지퍼백에 소분해 얼려 사용하세요.

라임 중간크기 3개(180g), 알룰로스설탕·백설탕 1/2컵(90g)씩

1. 라임을 세척하여 물기를 제거한다.
2. 라임의 양끝을 1cm씩 자른다.
3. 양끝을 제거한 라임을 0.5mm 폭으로 원형 슬라이스한다.
4. 알룰로스설탕과 백설탕을 동량의 비율로 섞는다. 알룰로스설탕만 사용하면 단맛이 부족하다고 느낄 수 있다.
5. 밀폐용기에 슬라이스한 라임을 넣고 켜켜이 ❹의 설탕을 뿌린다.
6. 상온에서 3일 정도 숙성 후 냉장보관한다.

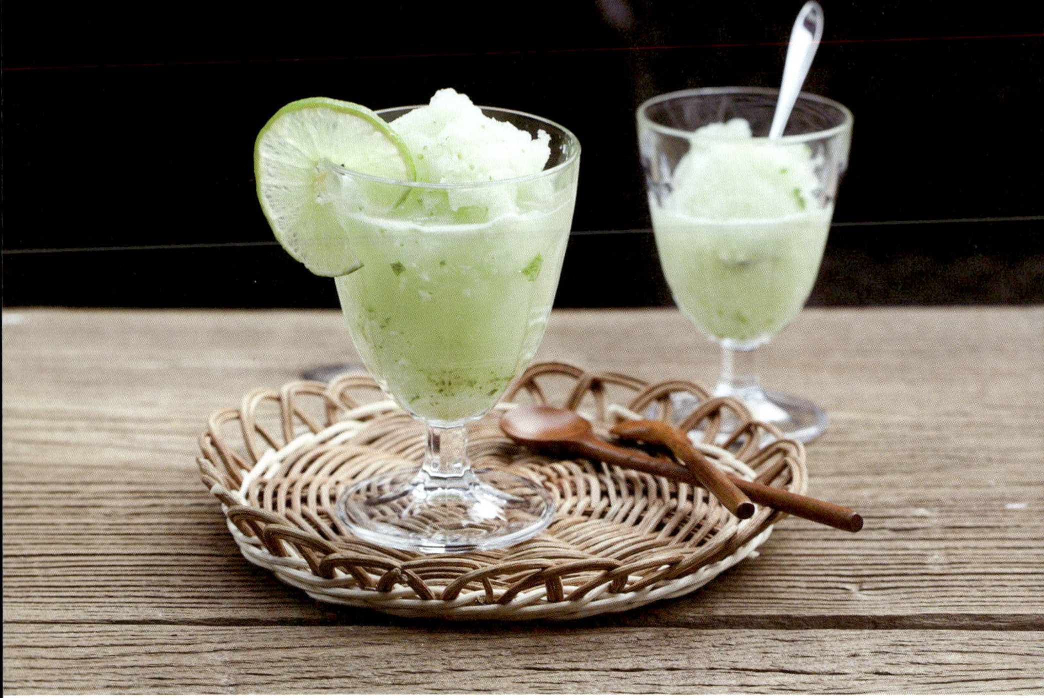

11 라임쿨러

한여름에 마시기 좋은 청량감 가득한 음료이지요. 라임청 조각도 함께 갈아 넣어 진한 향의 쌉쌀하면서도 개운한 라임의 맛이 느껴집니다. 라임의 진한 맛이 부담스럽다면 물 1컵 대신 탄산음료에 섞어 음용하세요.

라임청 4큰술,
물 1컵(200ml),
얼음 1과1/2컵,
라임 슬라이스 1조각

1. 라임청을 라임청 조각과 함께 준비한다.
2. 믹서 볼에 라임청 4큰술, 라임청 조각, 물 1컵을 넣고 간다.
3. ❷에 얼음을 넣고 한 번 더 간다.
4. 준비된 잔에 넣고 라임 슬라이스를 장식하여 마무리한다.

COOKING TIP **얼음 음료의 종류**

얼음을 갈아 만든 음료는 얼음의 질감 정도에 따라 그라나타, 쿨러, 스무디로 나뉘지요. 그라나타가 얼음의 질감이 느껴지는 셔벗 같다면 스무디는 가볍고 부드러운 느낌입니다. 그 사이에 쿨러가 있습니다.

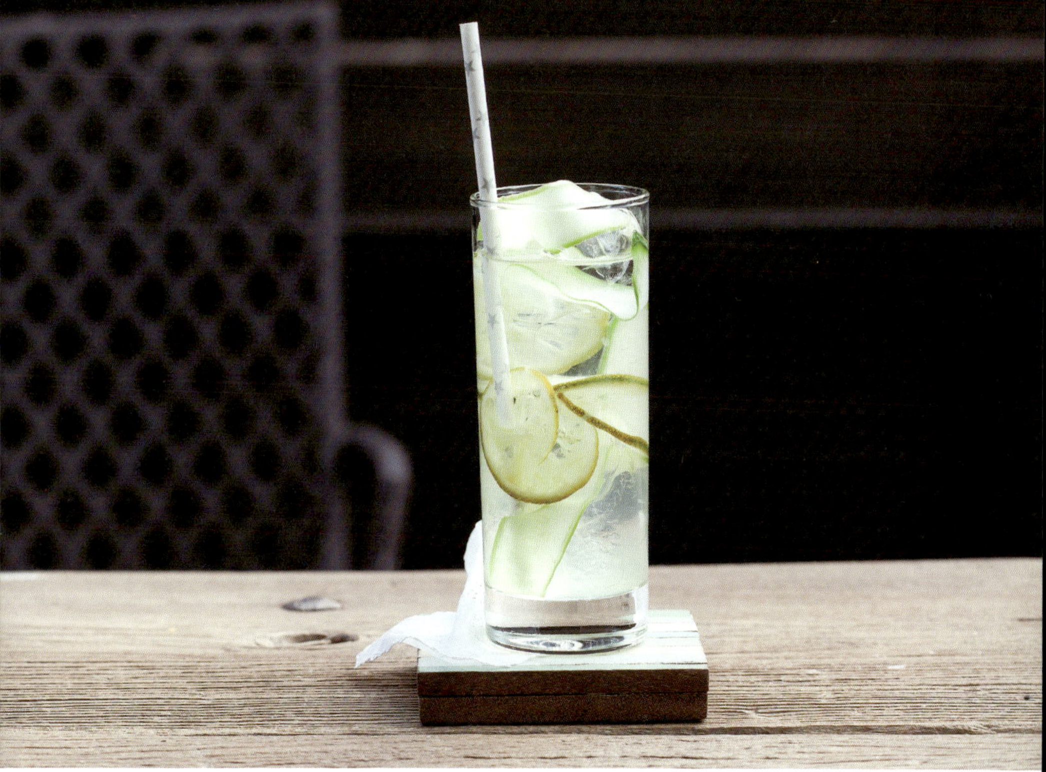

12 라임큐컴버

많은 음료 컨설턴트가 수년 안에 채소로 만든 음료와 시럽 등이 인기를 모을 것으로 예상하고 있습니다. 그 선두에 오이가 있습니다. 수분 함유량이 높은 오이는 다양한 음료와 칵테일 재료로도 쓰이지요. 오이의 비릿한 향을 라임청이 잡아줍니다.

라임청 4큰술, 오이 세로 슬라이스 2줄, 물 1컵(200ml), 얼음 1컵

1. 오이를 길게 잡고 감자 칼로 슬라이스한다.
2. 잔에 오이 슬라이스 1줄을 넣는다.
3. 얼음을 반 채우고 라임청을 2큰술 넣는다.
4. 그 위에 남은 오이 슬라이스 1줄을 얹는다.
5. 나머지 라임청 2큰술과 얼음을 넣고 물을 부어 마무리한다.

COOKING TIP

오이는 감자 칼로 썰기

오이는 감자 칼로 슬라이스하면 물에 닿는 면적이 넓어져서 오이향이 잘 우러납니다. 가능한 얇게 잘라야 맛도 비주얼도 좋답니다. 오이향이 여전히 부담스럽다면 로즈코디얼이나 로즈페탈티를 넣어주세요. 향이 잘 어울려요.

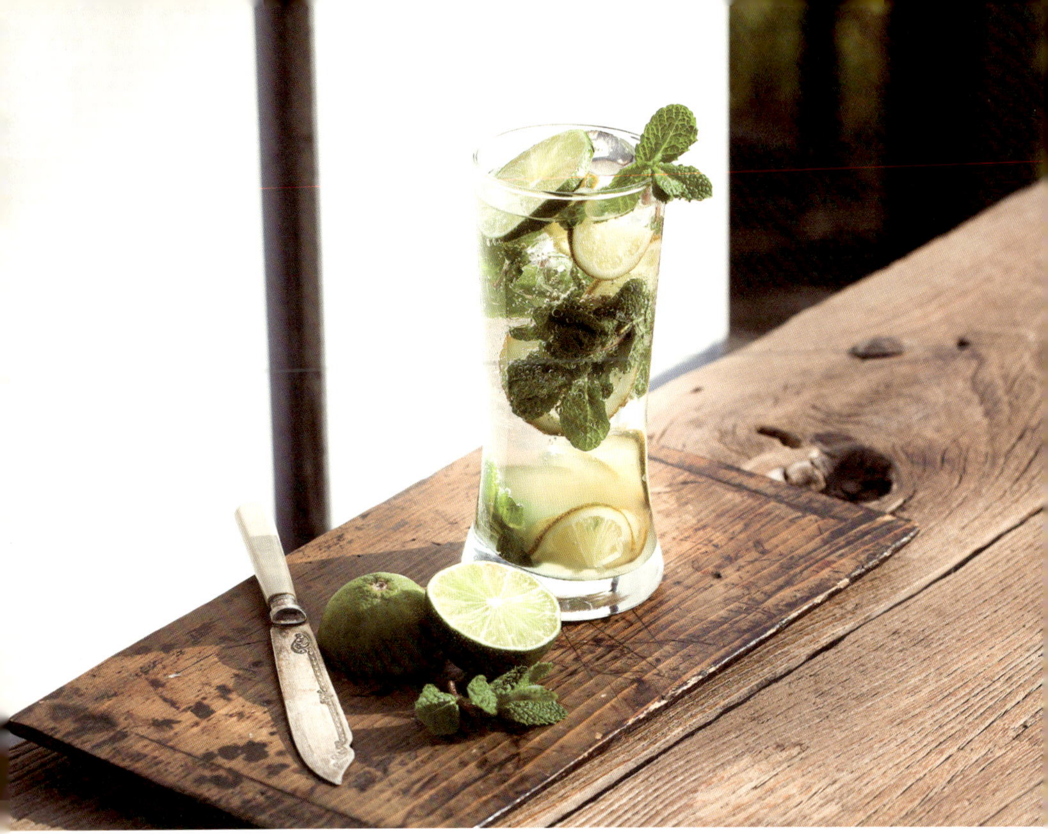

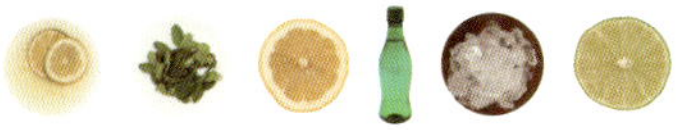

13 모히또

모히또는 헤밍웨이가 즐기던 칵테일이지요. 몇 년 전부터 우리나라에서도 모히또가 대인기 중인데 의외로 만들기가 간단해요. 라임청과 애플민트만 있다면 알코올 없이도 그 맛을 낼 수 있답니다.

라임청 4큰술,
애플민트 1/2컵(5g),
레몬즙 1큰술,
탄산수 1컵(200ml),
얼음 1컵,
라임 슬라이스 1조각

1. 애플민트는 잎만 따로 따서 준비하고 얼음은 잘게 부순다.
2. 잔에 라임청과 레몬즙, 애플민트를 넣고 잔 벽면에 짓이기듯 섞는다.
3. 잘게 부순 얼음과 탄산수를 넣어 아래위로 섞는다.
4. 라임 슬라이스로 장식한다.

COOKING TIP 모히또 맛의 핵심 찾기

모히또를 만들 때 꼭 필요한 재료가 라임, 애플민트, 레몬즙이지요. 칵테일에 빠지지 않는 트리플섹 리큐어의 느낌을 라임과 레몬이 만나 재현해줍니다. 이때 레몬즙은 라임청의 1/4 정도만 넣어주세요.

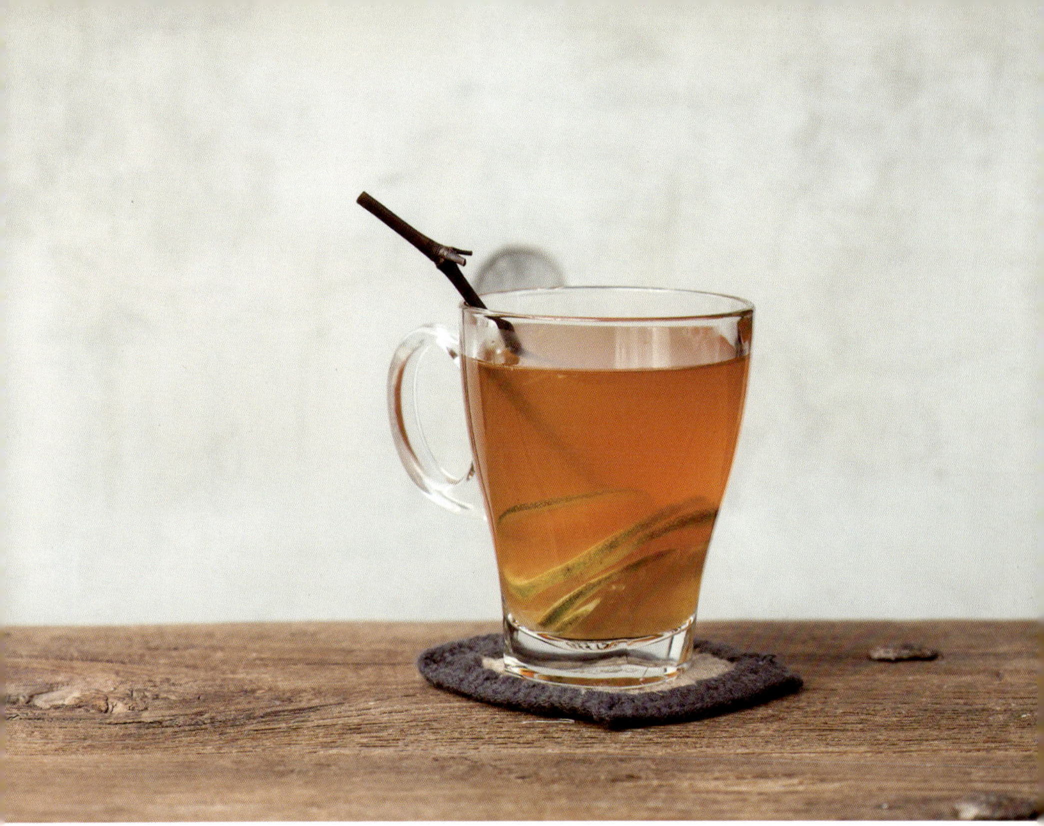

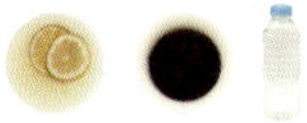

14 라임바닐라티

언젠가 파티셰 친구가 키라임이라는 컵케이크를 만들어주었지요. 크림과 라임이 어우러진 케이크였는데 정말 맛있었어요. 그 케이크 맛을 떠올리며 만든 메뉴입니다. 실제 시트러스 과일에 카라멜이나 바닐라티를 섞으면 밀키한 느낌이 나지요.

라임청 3큰술, 바닐라 홍차 1작은술(2g), 뜨거운 물 1컵(200ml), 잔 데울 물

1. 물을 끓여 티포트와 잔의 1/2까지 붓고 30초간 예열한다.
2. 예열한 티포트에 바닐라 홍차 1작은술과 뜨거운 물 1컵을 넣어 2분간 우린 뒤 거름망에 거른다.
3. 예열한 잔에 라임청 3큰술을 넣는다.
4. ❷의 바닐라 홍차를 부어 마무리한다.

COOKING TIP 가향 홍차 우리기

홍차를 우릴 때 적정시간은 3분이지요. 하지만 향이 가미된 홍차의 경우는 그 시간을 조금 줄여주는 게 좋습니다. 자칫 우리는 시간이 길어지면 홍차의 떫은 맛과 가향된 향이 강하게 나와 주재료의 맛과 향을 망칠 수 있습니다.

패션프루트청

백가지 향을 가진 과일이라 하여 '백향과'로도 불리는 패션프루트는 열대지방을 대표하는 과일이지요. 백가지 향 중에는 다소 비릿하게 느껴지는 향도 있는데 레몬즙을 이용해 줄일 수 있답니다. 청은 주로 냉동 패션프루트로 담그는데 이때 씨앗 부분을 둘러싼 얇은 내막을 제거해야 합니다. 패션프루트청은 자스민, 녹차, 우롱차 등과 잘 어울려요. 먹을 때마다 흔들어야 고루 섞여 맛있답니다.

패션프루트 중간크기 3개(240g), 설탕 1컵(180g), 레몬즙 2큰술

1. 냉동된 패션프루트를 반으로 갈라 숟가락을 이용해 알맹이만 따로 모은다.
2. 알맹이에 레몬즙을 뿌려 고기를 재우듯 5분 정도 둔다. 비릿한 냄새가 사라진다.
3. ❷에 분량의 설탕을 넣는다.
4. 설탕이 다 녹을 때까지 고루 섞는다.
5. 설탕이 다 녹으면 밀폐용기에 넣어 하루 숙성 후 냉장보관한다.

 딱딱한 겉껍질과 씨앗 사이의 막 제거는 필수

패션프루트는 과일 속의 씨앗 부분을 사용하는데, 이때 두꺼운 겉껍질과 씨앗 사이에 얇은 막을 반드시 제거해야 해요. 그대로 청을 담그게 되면 청의 식감이 떨어지고 맛도 덜하답니다. 숟가락으로 살살 긁어서 분리하세요

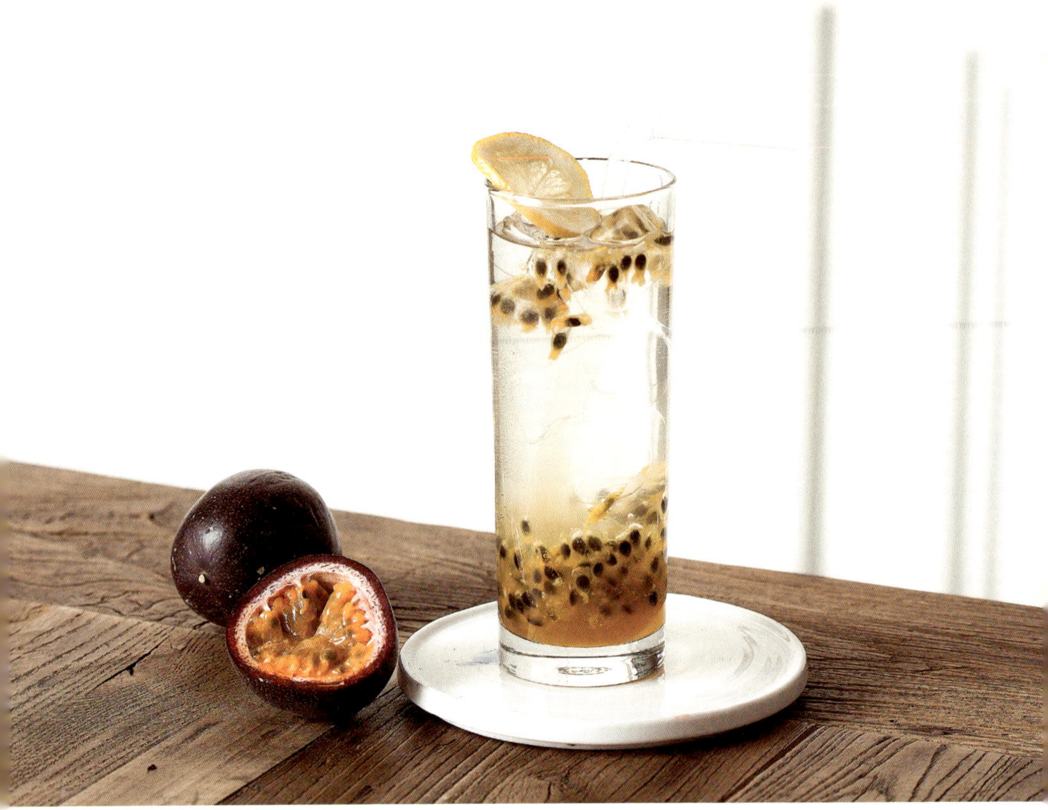

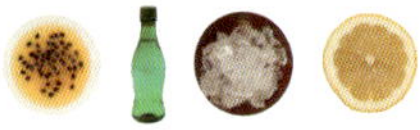

15 패션프루트에이드

톡톡 터지는 탄산과 오도독 씹히는 패션프루트 씨앗의 질감이 잘 어울리는 음료예요. 패션프루트는 씨앗의 알맹이를 함께 터트려 먹어야 그 맛이 배가되는데, 굵은 빨대를 사용하면 패션프루트 알알이 씨앗을 쉽게 맛볼 수 있답니다.

패션프루트청 5큰술,
탄산수 1컵(200ml),
얼음 1컵,
레몬 슬라이스 1조각

1. 잔에 패션프루트청 5큰술을 넣는다.
2. 얼음을 가득 채우고 탄산수를 붓는다.
3. 머들러로 아래위로 고루 섞는다.
4. 레몬 슬라이스를 올려 장식한다.

COOKING TIP **탄산수 대신 탄산음료 활용**

탄산수 대신 탄산음료를 이용할 때는 단맛을 줄여주세요. 청의 양을 3/5 정도만 넣어도 된답니다. 패션프루트청은 알맹이가 쉽게 깨지지 않아 탄산과 넣고 흔들어도 걱정 없어요.

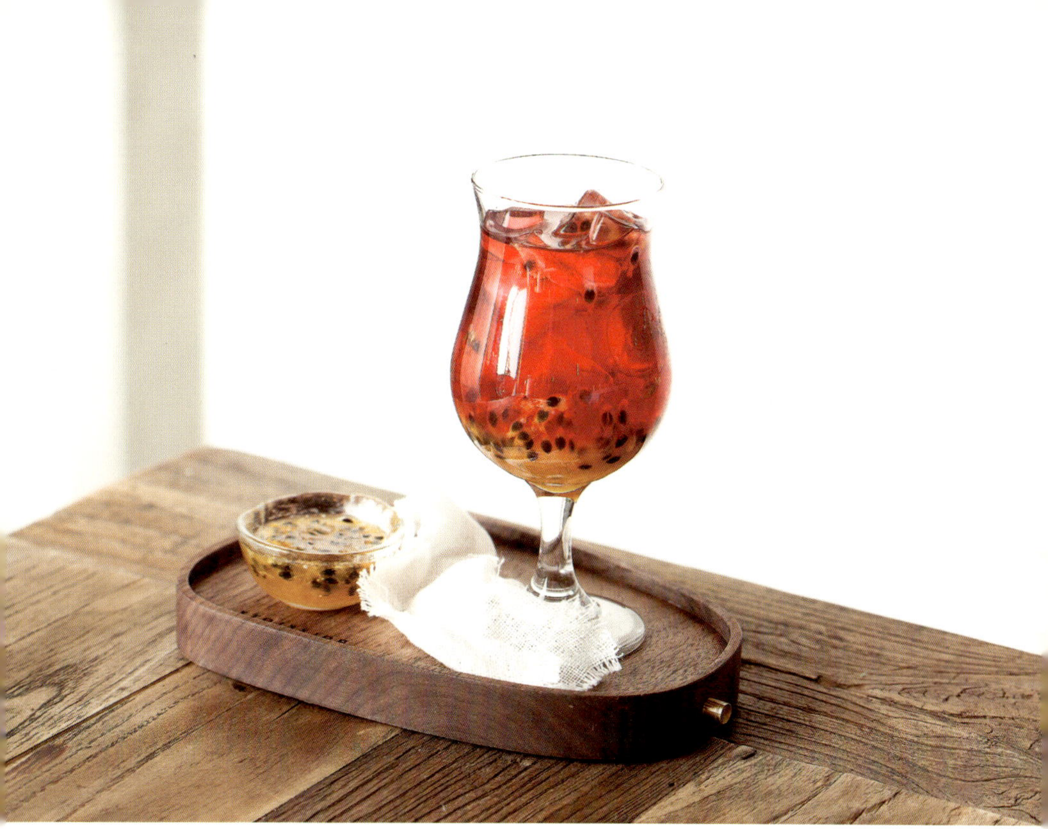

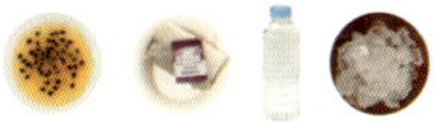

16 패션프루트로제티

로제티는 로제와인처럼 살짝 도는 핑크빛이 포인트예요. 믹스베리티를 넣어 색상을 화사하게 만들어주지요. 패션프루트의 주황색 알맹이에 어우러진 핑크빛 톤이 저무는 석양마냥 로맨틱하게 느껴집니다.

패션프루트청 5큰술,
믹스베리 티백 1개,
뜨거운 물
1/2컵(100ml),
얼음 1컵

1. 뜨거운 물 1/2컵에 믹스베리 티백을 넣고 3분간 우린다.
2. 잔에 얼음을 담고 패션프루트청 5큰술을 넣는다.
3. ❶의 우러진 믹스베리티를 붓는다.
4. 티백도 함께 넣어 천천히 우러날 수 있도록 한다.

 음료에 티백 넣고 즐기기

음료에 티백을 넣어 마시면 뒤로 갈수록 옅어지는 맛을 예방할 수 있지요. 요즘엔 아이스티 등에 티백을 넣고 서빙하는 경우가 많지요. 차의 향과 맛을 끝까지 음미하며 마실 수 있는 방법이에요.

레몬청

한여름이나 한겨울에 유독 인기가 많은 청이지요. 모두 풍부한 비타민C 덕분이지요. 기운 빠지는 여름에는 정신 바짝 드는 에이드로 즐기고, 냉기가 도는 겨울에는 레몬차로 즐기세요. 레몬청을 만들 때는 반드시 쓴맛이 몰려 있는 레몬의 양끝을 잘라 사용하세요. 미끄러운 펙틴으로 둘러싸인 씨앗도 제거해야 쓴맛을 예방할 수 있답니다. 레몬은 자체 당도가 높아 청을 담글 때 입자가 고운 자일로스설탕을 사용하는 게 편리해요.

레몬 중간크기 2개(200g), 설탕 1컵(180g)

1. 레몬을 세척하여 물기를 제거한다.
2. 레몬의 양끝을 2cm씩 자른 뒤 자른 부분의 레몬필(노란 껍질)을 얻어 칼로 곱게 다진다. 시트러스 과일의 경우 껍질에 향이 몰려 있으니 반드시 버리지 말고 활용한다.
3. 양끝을 제거한 레몬을 0.5mm 두께로 잘라 씨를 제거한다.
4. 설탕에 ❷의 잘게 다진 레몬필을 섞어 레몬설탕을 만든다.
5. 씨를 제거한 레몬 슬라이스를 밀폐용기에 담고 준비한 레몬설탕을 켜켜이 뿌린다.
6. 상온에서 3일 정도 숙성 후 냉장보관한다.

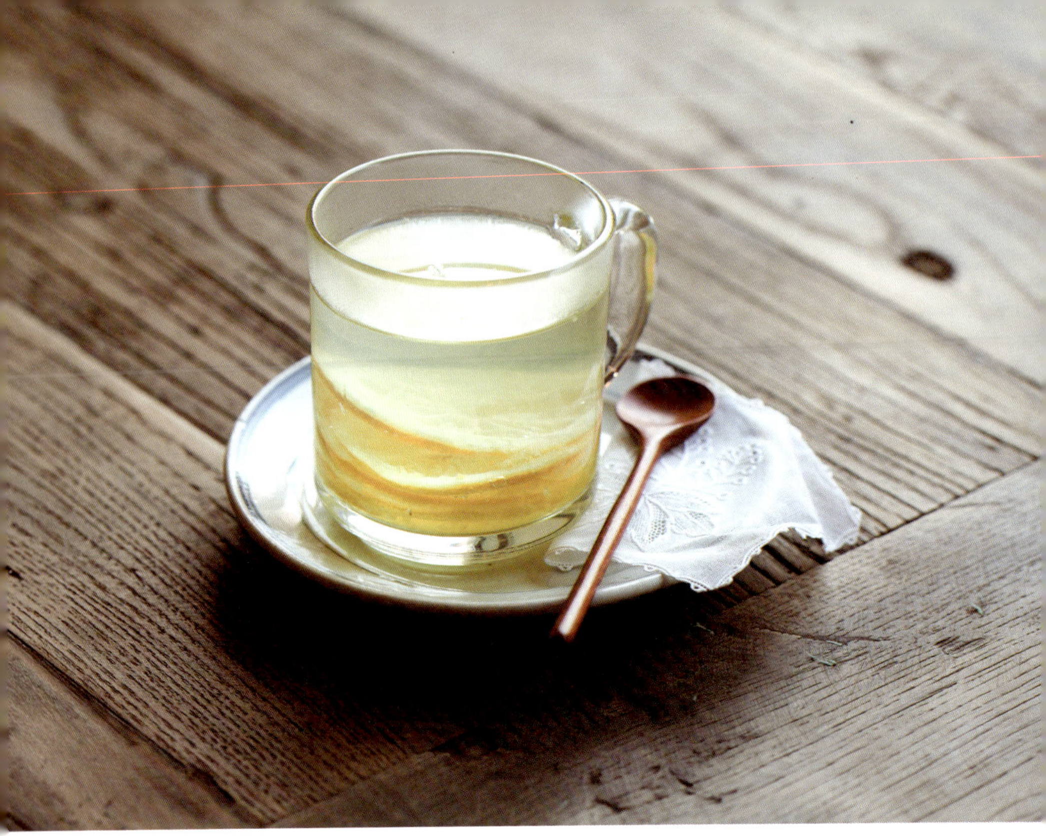

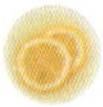

17 레몬티

레몬청을 담그는 가장 큰 이유가 따뜻한 레몬티를 마시기 위함이 아닐까요? 향긋한 레몬향이 솔솔 올라오는 차 한 잔을 만들어봐요. 언제 마셔도 힘이 나는 비타민 음료입니다.

레몬청 4큰술,
뜨거운 물 1컵(200ml),
잔을 데울 물

1. 물을 끓여 잔의 1/2까지 붓고 30초간 잔을 예열한다.
2. 예열한 잔에 분량의 레몬청을 넣는다.
3. 뜨겁게 끓인 물을 부어 고루 섞는다.
4. 2분 정도 우린 뒤 레몬을 제거하지 않고 음용한다.

COOKING TIP 핫티의 시작은 잔 예열

뜨거운 음료는 잔의 관리가 무척 까다롭고 중요합니다. 그만큼 온도의 유지에 따라 음료의 맛이 달라지기 쉽지요. 뜨거운 물을 미리 준비해 컵부터 예열하세요. 예열 후에는 냉장보관한 차가운 수제청을 먼저 넣어야 온도차를 줄일 수 있어요.

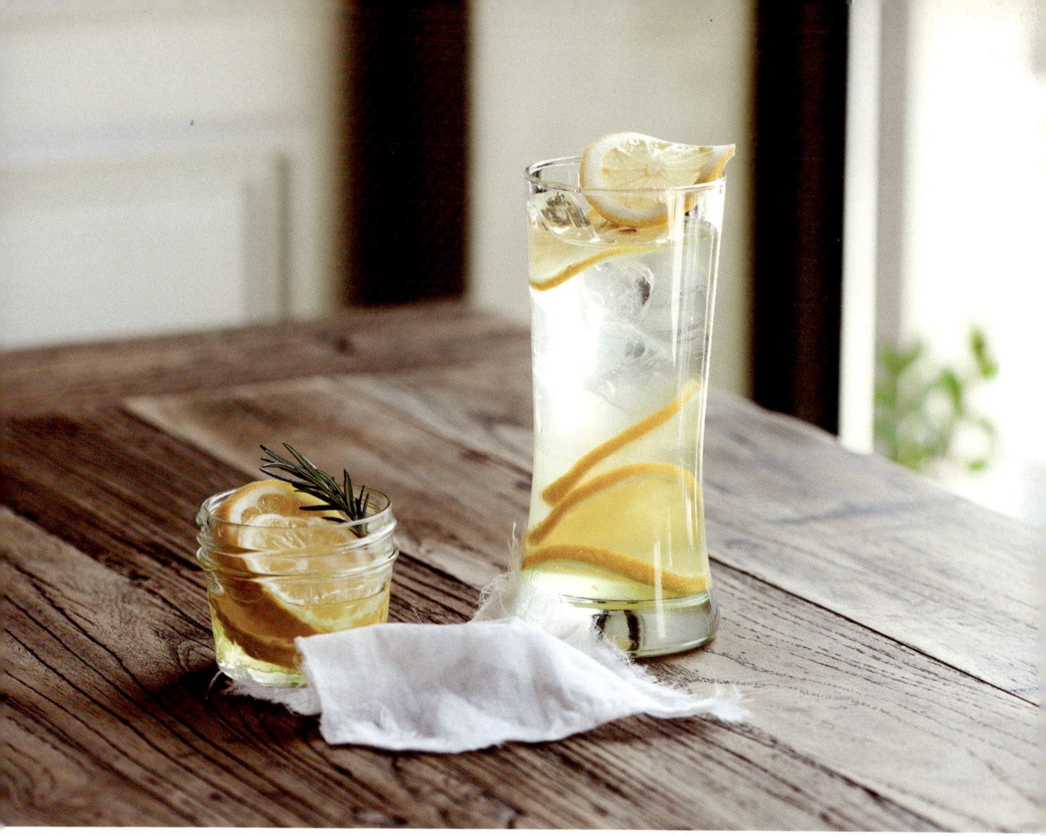

18 레몬에이드

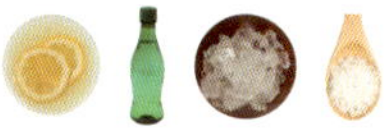

무기력하고 피곤한 날 레몬에이드 한 잔을 권해요. 새콤달콤 비타민 가득한 레몬에이드가 에너지업과 기분전환에 도움을 줄 거예요. 소금이 살짝 들어가 더욱 매력 있지요.

레몬청 4큰술,
탄산수 1컵(200ml),
얼음 1컵,
소금 1작은꼬집(0.2g)

1. 레몬청은 1큰술당 레몬청 1~2조각을 얹어 4큰술을 준비한다.
2. 잔에 레몬청과 소금 1작은꼬집을 넣고 고루 섞는다.
3. 얼음을 가득 채우고 탄산수를 부어 아래위로 고루 섞어 마무리한다.

COOKING TIP 음료에 소금 넣기

레몬에이드에 소금을 넣으면 미네랄 함량이 높아져서 몸에 흡수가 더 빨라집니다. 몸이 나른하고 피곤할 때 소금을 넣으면 흡수율이 높아져 피로가 금세 풀리지요. 맛이 짜기보다 풍부해져요.

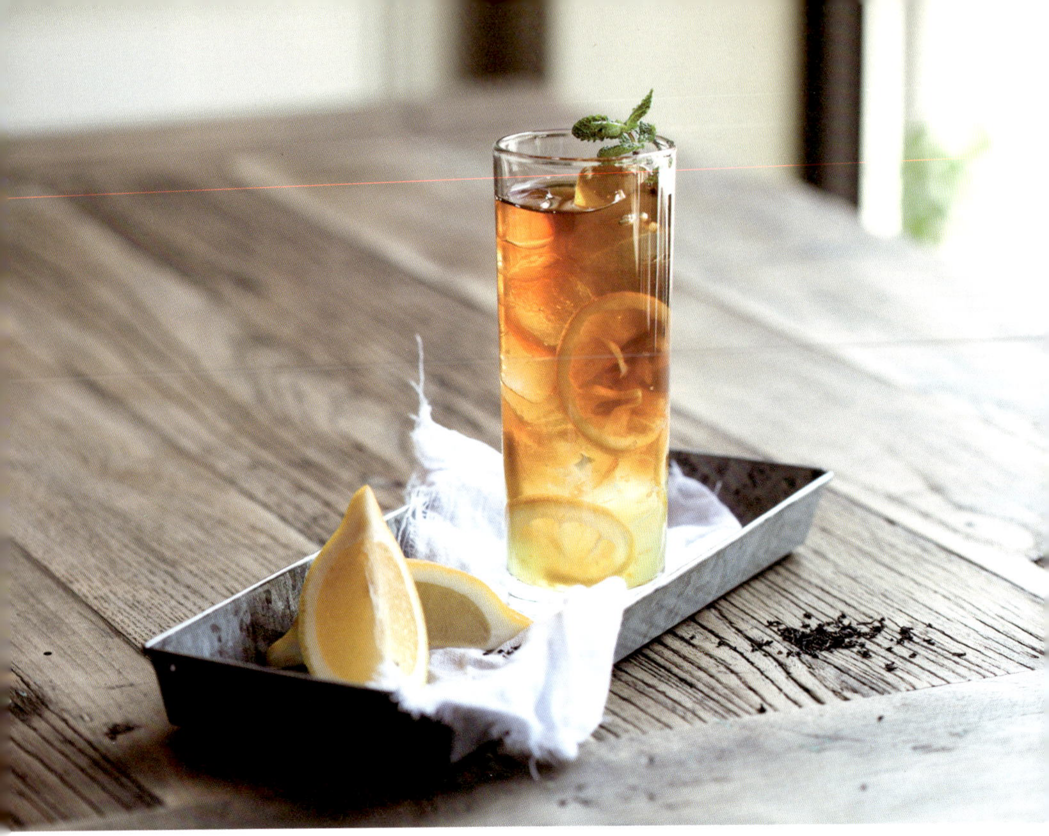

19 레몬홍차아이스티

한여름에 뜨거운 홍차를 팔던 상인이 홍차에 얼음을 넣으면서 만들어진 아이스티. 그후로 100년간 사랑받아온 음료입니다. 새콤달콤 레몬청과 함께라면 어느 누가 홍차를 싫다고 할까요?

레몬청 4큰술,
캔디 홍차 티백 1개,
물 1컵(200ml),
얼음 1컵,
애플민트 약간

1. 상온의 물 1컵을 준비한다.
2. 캔디 홍차 티백 1개를 넣어 1시간 냉침한다.
3. 1시간 후 티백을 제거한 뒤 잔에 레몬청 조각을 얹은 레몬청 4큰술과 함께 넣는다.
4. 얼음을 채우고 스푼으로 잘 저어 레몬청과 홍차를 섞는다.
5. 애플민트로 장식해 마무리한다.

COOKING TIP

**Sun Tea
홍차 우리기**

냉침방법 중 태양열로 우려내는 Sun Tea라는 방법이 있습니다. 볕이 드는 창가가 있다면 상온의 물에 홍차를 우려보세요. 1시간이면 충분해요. 냉장고에서 바로 꺼낸 물보다는 상온의 미지근한 물에서 차가 잘 우러나요.

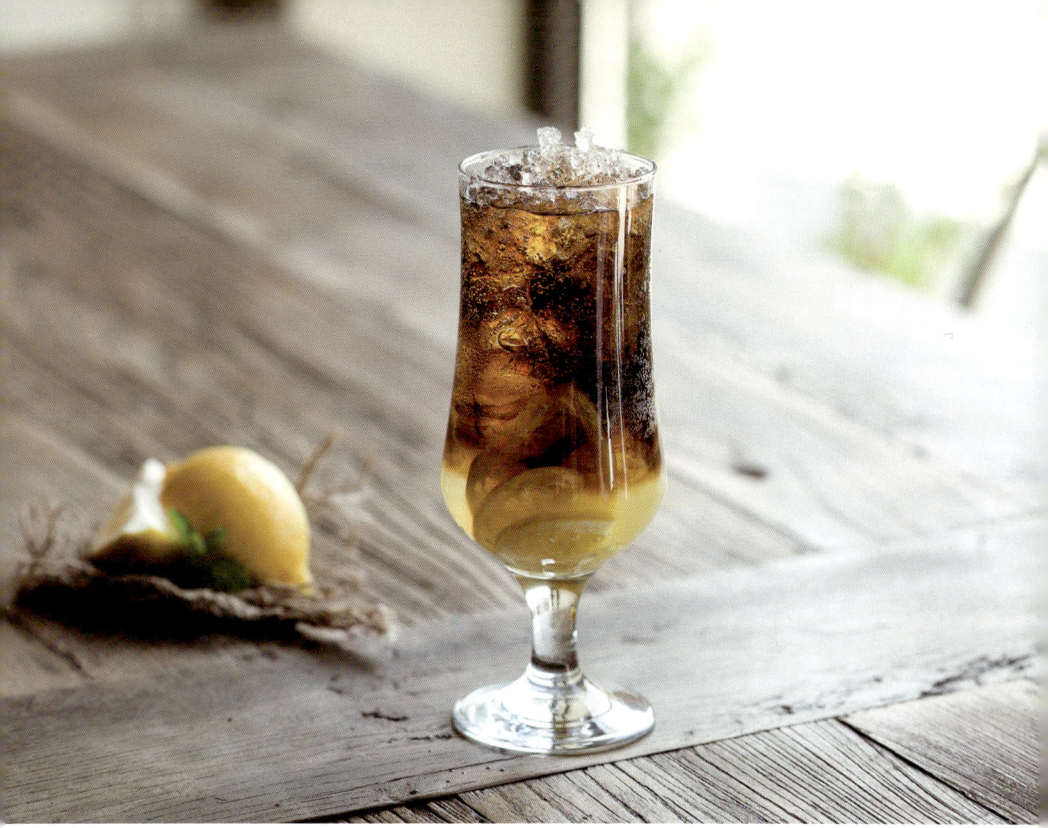

20 레몬콕

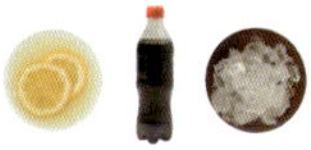

오래 전에 카페에 가면 콜라에 체리나 레몬을 넣어서 만들어주는 메뉴가 있었답니다. 체리를 넣으면 체리콕, 레몬을 넣으면 레몬콕! 추억 속에 메뉴지만 그 맛도 좋답니다. 레몬콕 위에 생체리를 얹어도 맛있어요.

레몬청 2큰술,
콜라 1컵(200ml),
얼음 1컵

1. 잔에 레몬청 조각을 얹은 레몬청 2큰술을 넣는다.
2. 얼음을 가득 채워 레몬청의 온도를 낮춘다.
3. 콜라 1/2컵을 부어 내용물을 고루 섞는다.
4. 나머지 콜라를 부어 마무리한다.

COOKING TIP **음료는 1/2씩 붓기**

음료를 한 번에 넣게 되면 아래위로 청을 잘 섞어주기 힘들어요. 반만 넣고 섞은 뒤 남은 음료를 부으면 가볍게 섞기만 해도 맛있는 음료를 마실 수 있습니다. 탄산이 쉽게 빠지는 것도 방지해줍니다.

라즈베리청

컬러풀한 라즈베리는 청을 만들어두면 음료 뿐만 아니라 베이킹에 활용하기도 좋답니다. 라임처럼 이국적인 향을 내어 포인트로 힘을 주기 좋지요. 라즈베리가 없다면 산딸기로 대체해 청을 만들어도 좋아요. 다만 산딸기는 라즈베리에 비해 신맛이 덜해 레몬즙을 추가로 넣어주어야 합니다. 산딸기 2컵 기준 레몬즙 3큰술이 적당합니다. 안토시안과 비타민이 풍부해 피부미용에 관심 많은 분께 권해드려요.

라즈베리 1과1/2컵(240g), 설탕 1과1/2컵(270g)

1. 냉동 라즈베리를 준비한다.
2. 냉동된 상태의 라즈베리 1과1/2컵에 설탕 1과1/2컵을 넣고 섞는다.
3. 실온에 두고 라즈베리가 녹으면서 배출하는 수분에 설탕이 녹을 수 있도록 30분 간격으로 섞는다.
4. 여름에는 2시간 동안 4번, 겨울에는 3시간 동안 6번 섞는다.
5. 설탕이 모두 녹았으면 핸드믹서를 사용하여 5초간 간다.
6. 밀폐용기에 넣어 냉장보관해 하루 숙성 후 사용한다.

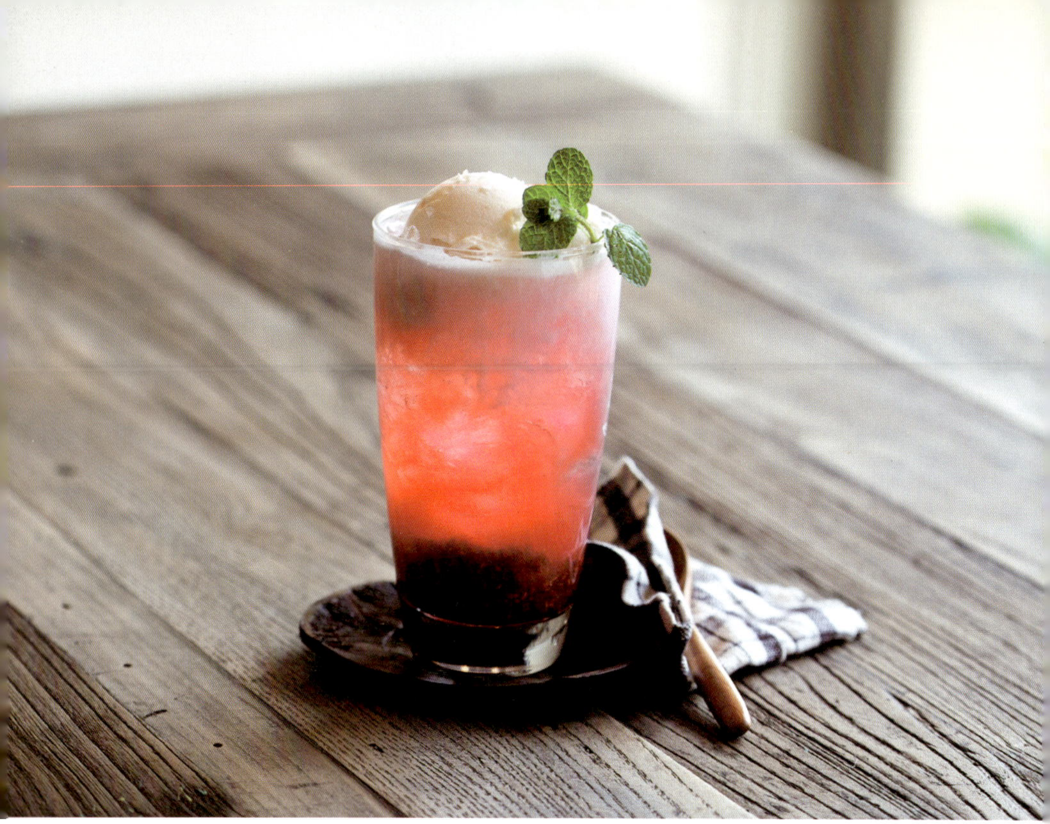

21 라즈베리크림소다

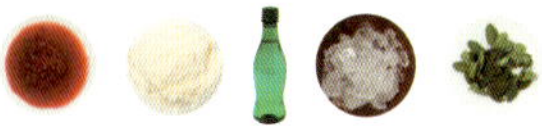

탄산음료에 아이스크림이 들어가면 크림소다처럼 밀키한 탄산음료를 만들 수 있지요. 일본사람들이 즐기는 음료이기도 합니다. 메론크림소다가 아주 유명하지요. 오늘은 라즈베리크림소다를 만들어보았어요.

라즈베리청 2큰술,
바닐라아이스크림
1스쿱, 탄산음료
1컵(200ml),
얼음 1컵,
애플민트 약간

1. 폭이 좁지 않은 잔에 라즈베리청 2큰술을 넣는다.
2. 얼음을 채우고, 탄산음료를 붓는다.
3. 완성된 음료에 아이스크림 1스쿱을 올린다.
4. 스푼이나 빨대를 이용해 아이스크림을 음료 속으로 살짝 밀어 넣는다.
5. 애플민트를 올려 마무리한다. 애플민트의 양은 취향껏 조절한다.

 아이스크림 밀어 넣기

크림소다를 만들 때는 반드시 아이스크림을 음료 속으로 밀어 넣어주세요. 아이스크림이 다시 떠오르면서 미세한 거품이 생기는데 그 거품이 음료의 맛을 끌어올린답니다. 아이스크림이 크림처럼 변하면서 거품이 살짝 얼어 완전히 다른 맛을 내주어요.

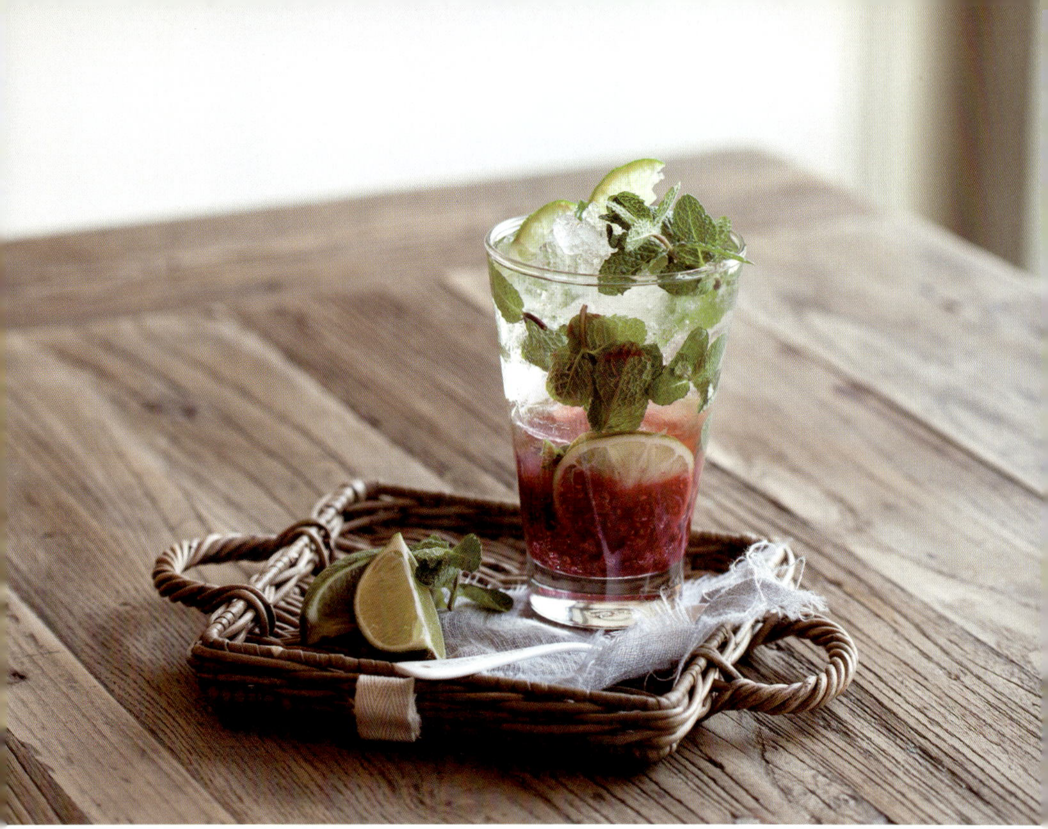

22 라즈베리모히또

요즘 카페에서도 모히또를 쉽게 즐길 수 있지요. 애플모히또, 라즈베리모히또, 패션프루트모히또… 그 종류도 수두룩합니다. 라즈베리와 라임은 색은 물론 맛의 밸런스도 훌륭합니다.

라즈베리청 3큰술,
라임청·레몬즙
1큰술씩,
애플민트 1/2컵(5g),
탄산수 1컵(200ml),
얼음 1컵, 라임
슬라이스 1조각

1. 애플민트는 잎만 따로 따서 준비하고 얼음은 잘게 부순다.
2. 잔에 분량의 라즈베리청, 라임청, 레몬즙을 넣고 고루 섞는다.
3. 애플민트를 넣고 잎을 잔 벽면에 짓이기듯 섞는다.
4. 부순 얼음과 탄산수 1컵을 넣어 섞는다.
5. 라임 슬라이스로 장식해 마무리한다.

플레인 탄산수 선택

음료의 베이스로 사용되는 탄산수는 플레인이 기본입니다. 천연재료로 만든 청에 인공 향이 들어간 탄산수를 섞으면 천연 재료의 향이 눌리지요. 레몬향, 자몽향 등의 가향된 탄산수는 청과 같은 기본 재료의 향과 맛이 약할 때 사용하세요.

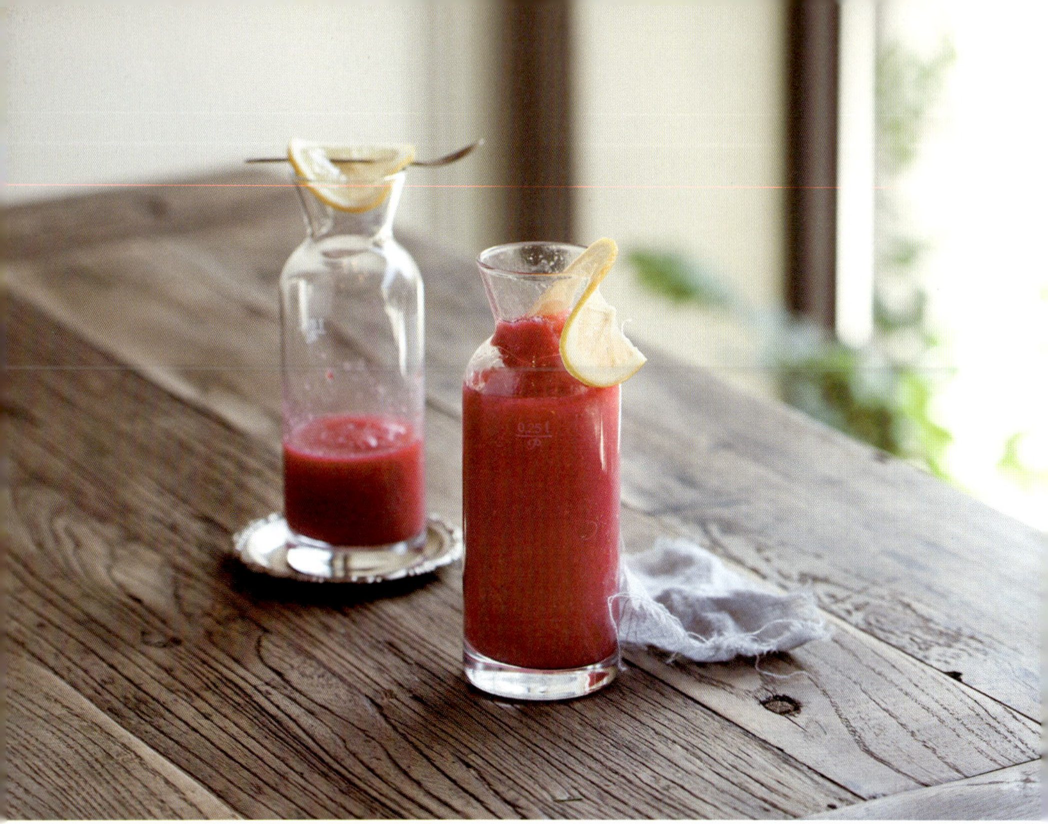

23 라즈베리익스트림스무디

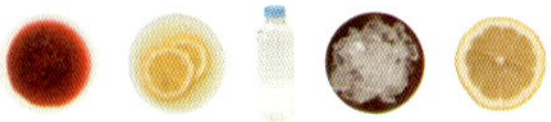

스트로베리익스트림스무디라는 메뉴를 본 적 있나요? 딸기와 레몬을 갈아 만든 스무디이지요. 오늘은 라즈베리를 넣고 만들었어요. 레몬 슬라이스를 잔에 장식하면 마실 때마다 레몬향이 더해져 상쾌하답니다.

라즈베리청 4큰술,
레몬청 2큰술,
물 1컵(200ml),
얼음 1과1/2컵,
레몬 슬라이스 약간

1. 믹서 볼에 라즈베리청, 레몬청, 물 1컵을 넣는다. 레몬청 조각도 함께 건져 넣는다.
2. ❶을 재빨리 한 번 간다.
3. 다시 얼음을 모두 넣고 스무디 질감이 날 때까지 간다.
4. 준비된 잔에 담고 레몬 슬라이스로 장식해 마무리한다.

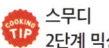

COOKING TIP **스무디 2단계 믹싱**

스무디는 질감이 부드러운 음료이지요. 부드러운 맛의 스무디를 즐기려면 얼음을 제외한 내용물을 먼저 가볍게 간 뒤, 얼음을 넣고 한 번 더 갈아 주세요. 스무디를 보다 맛나게 만드는 비결입니다.

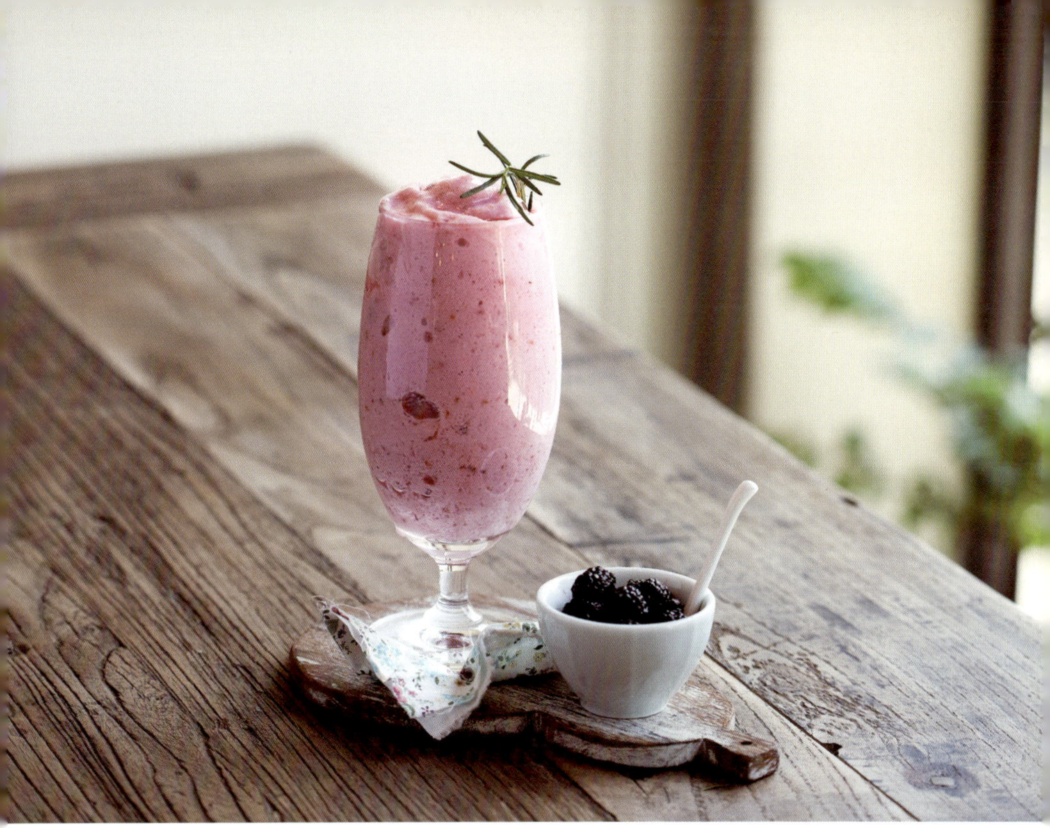

24 라즈베리스무디

우유나 요거트를 넣고 만드는 음료는 일반 베이스에 비해 주재료의 맛과 향이 줄어들기 쉽지요. 이때는 청의 양을 조금 늘려주세요. 플레인요거트가 아니라면 라즈베리청의 양을 2큰술 정도 줄여도 되어요.

라즈베리청 5큰술,
마시는 플레인요거트
1컵(200ml),
얼음 1과1/2컵,
로즈마리 약간

1. 믹서 볼에 라즈베리청 5큰술과 마시는 플레인요거트, 얼음을 넣는다. 일반 고체형 요거트를 넣어도 좋다.
2. 가장 빠른 속도로 간다.
3. 얼음이 다 갈렸으면 이번엔 가장 느린 속도로 10초간 더 간다.
4. 준비된 잔에 부어 로즈마리로 장식해 마무리한다.

 음료와 허브 궁합 맞추기

음료에 장식용 허브를 매칭할 때는 당도와 향에 초점을 두세요. 당도가 강한 음료에는 향이 쎈 로즈마리 같은 허브가 제격이지요. 허브의 향이 단맛을 조금 줄여준답니다. 주재료의 향이 강하면 애플민트처럼 부드러운 향의 허브를 선택하세요.

* 사진은 이미지를 위해 코디얼 재료를 함께 보여주었습니다. 코디얼은 체에 걸러 원액만을 병입해 보관합니다.

약처럼 마시는 우리집 건강 농축액 **PART 2**

코디얼로 만든 음료

코디얼을 한마디로 표현한다면 농축액이라고 할 수 있지요. 냉장기술이 발달되기 전 유럽에서는 설탕물에 허브를 끓여 약용성분을 추출했는데 이것이 점차 과일로 확대되었습니다. 가열 도중 향이 많이 날아가 신선함은 덜하지만 여러 음료와 믹스하기 좋아 활용도가 높습니다. 가열 후 12시간 식혔다가 체에 걸러 병입하는 게 원칙입니다.

◎ **주재료** 허브와 과일

청과 코디얼의 가장 큰 차이는 가열의 여부. 코디얼은 가열을 통해 성분을 빼내므로 숙성단계가 없는 반면, 청은 설탕이 녹는 숙성시간이 필요하다. 허브를 음료 베이스로 활용하려 할 때 도전해보자. 밋밋한 허브티가 코디얼 작업을 통해 맛있는 허브 농축액으로 만들어진다. 청을 담그는 대부분의 과일은 코디얼로 만들 수 있다.

◎ **만들기 핵심** 끓기 시작하면 중간 불로 5분

코디얼을 만들 때 가장 중요한 건 불세기와 시간이다. 센 불로 너무 오래 끓이면 과일향이 모두 사라지기 쉽다. 한번 끓어오르면 중간 불로 5분간 더 끓여 수분을 날린다. 이후 주재료를 그대로 둔 채 12시간 식힌 뒤에 체에 거르는데, 주재료의 성분을 저온으로 추출하는 과정이다. 코디얼 맛의 차이가 여기서 나온다. 허브는 끓이지 않고 우리는 단계만 거친다.

◎ **주의사항** 액체량을 억지로 늘리지 말 것

집에서 코디얼을 만들 때 저지르기 쉬운 실수가 코디얼 양에 집착하는 것이다. 억지로 그 양을 늘리고자 물 양을 많이 잡거나 체에 거르는 단계에서 주재료를 꾹꾹 누르는 건 모두 NG. 수분 양을 너무 늘리면 설탕과의 비율이 깨져 상하기 쉬워지며, 꾹꾹 눌러짜면서 과일의 펄프가 들어가 그 맛이 떨어진다.

◎ **보관법** 냉장보관 3~6개월

병입 후 오픈 전이라면 상온에서도 보관이 가능하다. 다만 상온보관을 원한다면 만들 때 설탕의 양을 늘려야 한다. 냉장보관은 3~6개월 가능하다. 코디얼의 용기는 긴 병으로 선택해 사용 시 스푼 없이 바로 따라 쓰는 게 보관기간을 늘리는 방법이다.

딸기코디얼

일 년 내내 우리 집 아이들의 사랑을 듬뿍 받는 아이템입니다. 굳이 생딸기를 고집할 필요없이 냉동으로 만들어도 그 맛에 큰 차이가 없답니다. 국산 냉동 딸기를 잘 얼려두었다가 자주 만들어 아이들 음료로 내주세요. 딸기에 단맛이 적다고 걱정할 필요도 없어요. 가공용 과일은 당도보다 산도가 강한 편이 좋답니다. 레몬즙을 추가하는 것도 그런 이유예요. 탄산수에 살짝 넣으면 마치 로제샴페인 한 잔을 마시는 기분이 든답니다.

 ▶  ▶  ▶

 ▶

딸기 4컵(500g), 설탕 2컵(360g), 물 2컵(400ml), 레몬즙 4큰술

1. 딸기를 세척하여 꼭지를 분리한다
2. 냄비에 설탕과 레몬즙을 딸기와 함께 섞어 3시간 재운다. 삼투압 과정을 통해 딸기의 색과 농축액을 얻을 수 있다.
3. 3시간 후 설탕에 재워둔 딸기에 물 2컵을 넣고 가열한다.
4. 끓기 시작하면 중간 불에서 5분 가열한 뒤 불을 끄고 12시간 식힌다.
5. 액체만 따로 걸러 병입 후 냉장보관해 사용한다.

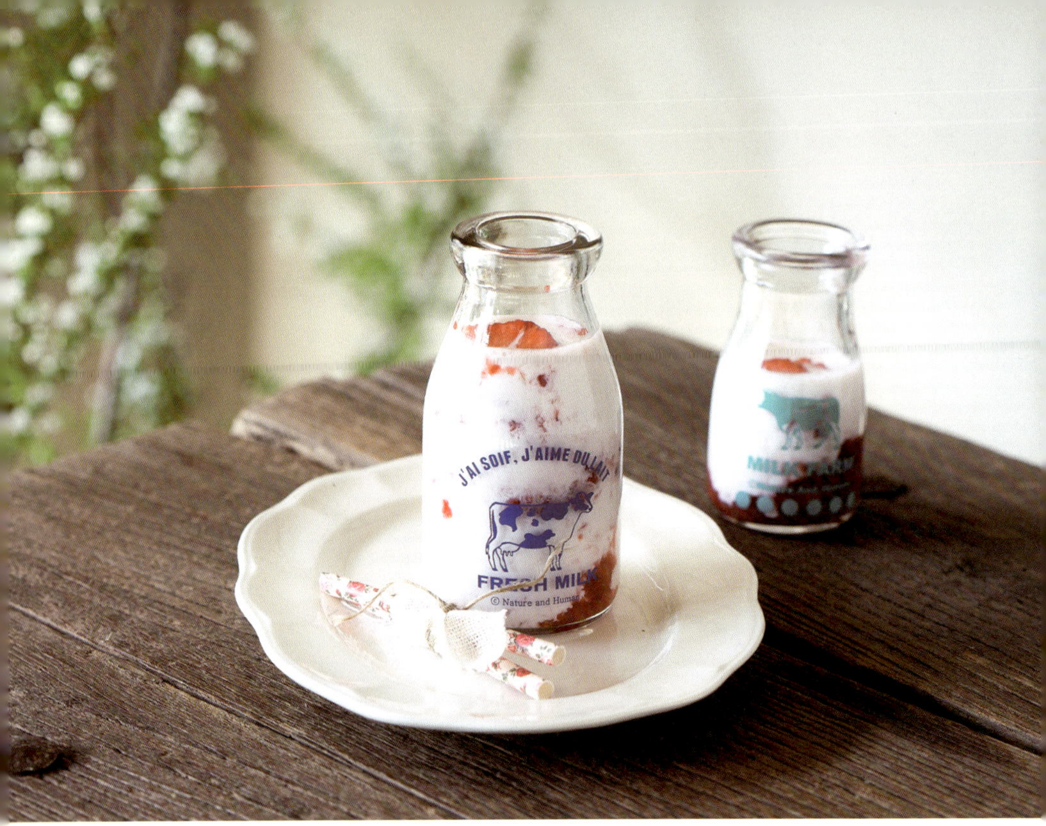

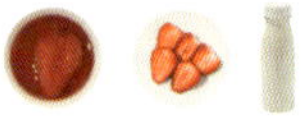

25 딸기우유

요즘 핫한 음료이지요. 일반적으로 딸기를 우유에 으깬다고 생각하지만 맛의 핵심은 딸기코디얼에 있습니다. 딸기코디얼과 우유, 으깬 딸기를 병에 넣고 흔들어 마시면 그 맛이 기가 막힙니다. 그야말로 러블리 음료지요!

딸기코디얼 5큰술,
딸기 중간크기 5~6개,
딸기 슬라이스 2개분,
우유 1컵(200ml)

1. 딸기는 세척해 꼭지를 분리한다. 슬라이스용 딸기도 따로 준비해 썬다.
2. 볼에 딸기코디얼과 딸기를 넣고 즙이 나오도록 으깬다.
3. 적당한 병에 ❷를 넣는다.
4. 우유 1컵을 붓고 딸기 슬라이스를 넣은 뒤 뚜껑을 닫는다.
5. 먹기 직전 흔들어 음용한다.

COOKING TIP 딸기우유 음용법

딸기우유를 병에 넣어두면 금세 딸기층이 분리되기 쉽습니다. 마시기 직전에 반드시 흔들어야 으깬 딸기가 고루 섞여 맛있지요. 만든 당일 섭취해야 신선한 딸기의 맛을 느낄 수 있답니다.

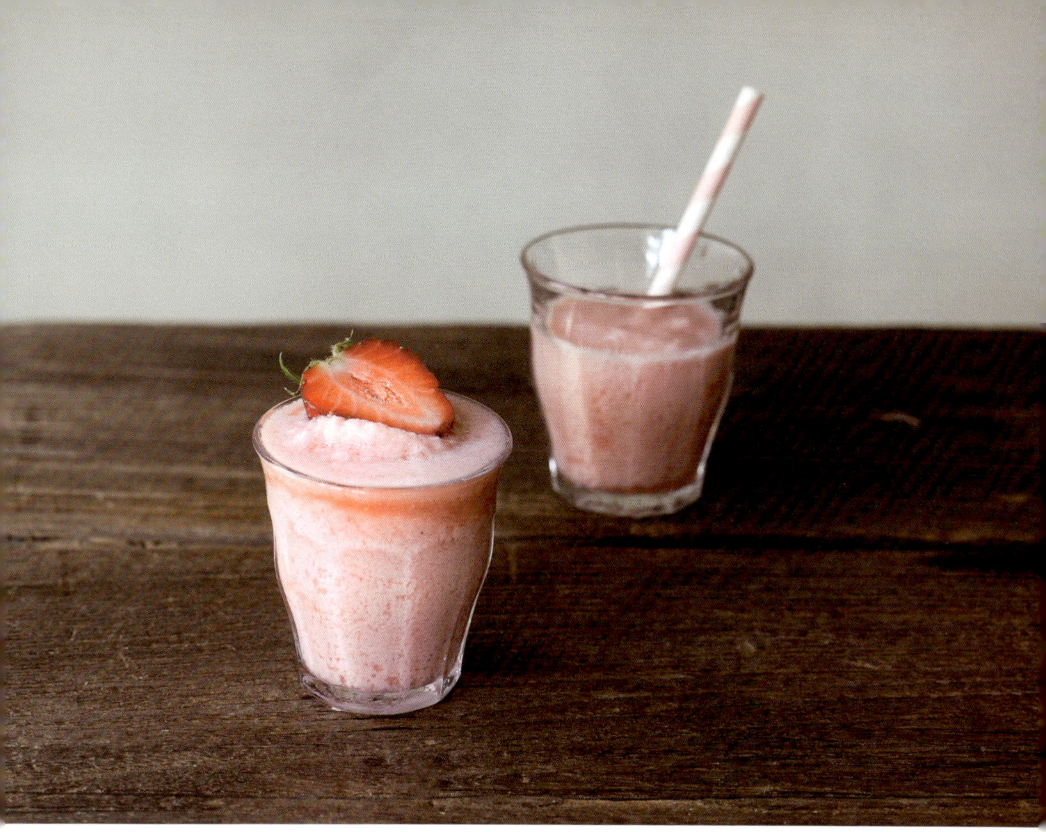

26 딸기쉐이크

우리집 냉장고에는 딸기코디얼이 사라질 틈이 없지요. 여기저기 쓰임새가 정말 많답니다. 특히 딸기쉐이크는 아이들이 가장 좋아하는 음료이기도 하지요. 약간의 코디얼이 아이스크림과 우유의 밋밋한 맛과 색에 신선한 생명을 불러일으킵니다.

딸기코디얼 4큰술, 딸기 1컵, 바닐라아이스크림 2스쿱, 우유 1/2컵(100ml), 딸기 슬라이스 약간

1. 딸기는 세척해 꼭지를 분리한다. 장식용 딸기 1개는 슬라이스한다.
2. 믹서 볼에 딸기코디얼과 딸기, 아이스크림, 우유를 넣는다.
3. 내용물이 모두 갈리도록 가장 빠른 속도로 갈은 뒤, 가장 느린 속도로 10초간 간다.
4. 잔에 딸기쉐이크를 붓고 준비한 딸기 슬라이스를 장식한다.

 쉐이크 믹싱 노하우

믹서 볼에 내용물을 넣고 갈 때는 재료를 먼저 빠른 속도에서 섞는 게 중요해요. 빠른 속도로 갈아야 재료의 영양손실을 줄일 수 있습니다. 그 다음 느린 속도로 10초간 믹싱해야 부드러운 질감이 생깁니다.

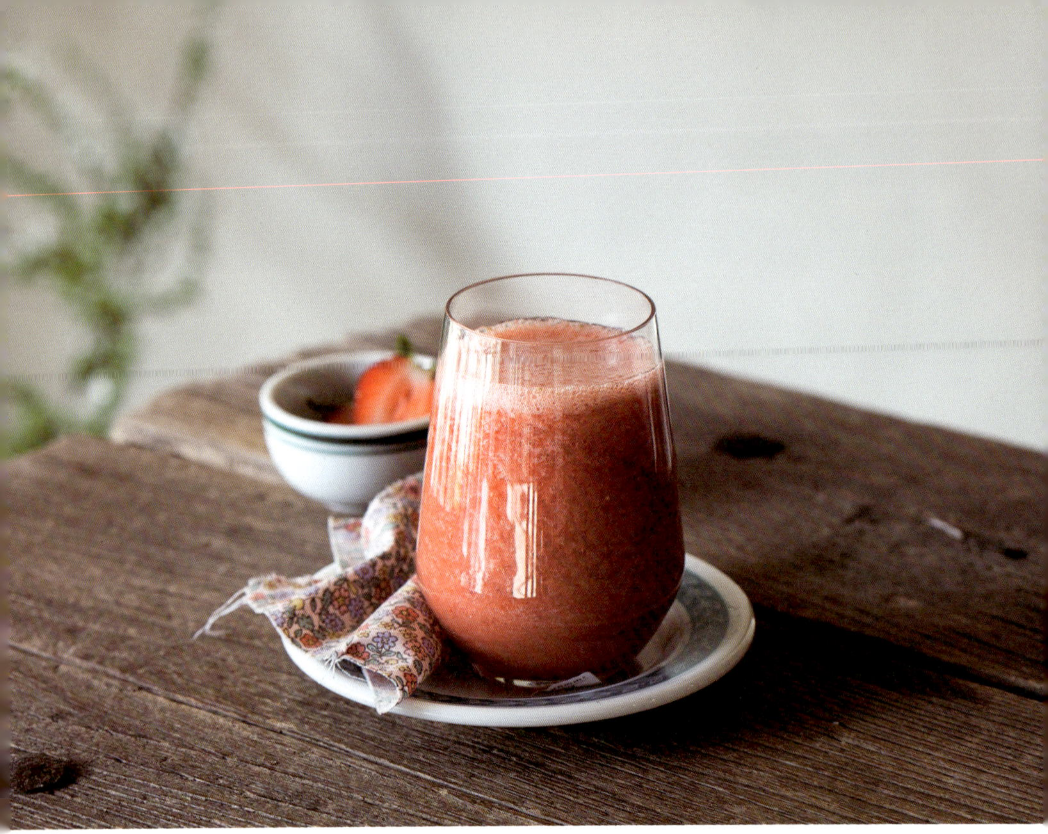

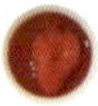

27 딸기주스

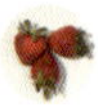

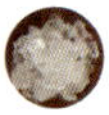

누구나 손쉽게 만들 수 있는 음료이지요. 겨울과 봄 제철을 제외하고는 주로 냉동 딸기를 이용하는데, 아무래도 냉동 딸기는 확실히 향미가 떨어집니다. 딸기코디얼을 조금 넣어주면 부족한 향미를 채울 수 있답니다.

딸기코디얼 5큰술,
냉동 딸기 1컵,
물 1컵(200ml),
얼음 3~4개

1. 믹서 볼에 딸기코디얼과 냉동 딸기, 물 1컵을 넣고 간다.
2. 부드러운 질감을 원한다면 한 번 더 믹싱을 해준다.
3. 컵에 얼음 3~4개를 넣고 ❷를 붓는다.

COOKING TIP 제철딸기 냉동하는 방법

딸기 꼭지를 제거한 뒤, 쟁반에 삼각형 모양으로 딸기를 나열해주세요. 그대로 하루 동안 냉동실에서 딴딴하게 얼린 뒤 수분이 손실되지 않도록 지퍼백에 나눠 담고 다시 얼리세요. 딸기의 원형과 색 모두 유지된답니다.

28 스트로베리바질

성수동의 어느 카페에서 유명세를 탄 음료이지요. 바질은 향이 굉장히 좋아서 요리와 음료에 자주 쓰이는데 과일과 만났을 때 그 향이 더욱 돋보인답니다. 탄산수 대신 물을 넣어도 싱겁지 않게 즐길 수 있어요.

딸기코디얼 6큰술,
딸기 슬라이스 5~6개,
바질잎 5장,
탄산수 1컵(200ml),
얼음 1컵

1. 잔에 딸기코디얼을 넣고 얼음을 채운다.
2. 탄산수를 반쯤 부어 딸기코디얼이 풀어지도록 섞는다.
3. 바질잎을 칼등으로 살짝 으깨어 넣고 남은 탄산수를 붓는다.
4. 딸기슬라이스를 5~6개 얹어 마무리한다.

 COOKING TIP 바질 간단하게 향내기

모든 허브잎에는 향이 있지요. 허브를 음료에 넣을 때는 자극이 필요해요. 칼등이나 머들러로 으깨야 그 향을 제대로 즐길 수 있답니다. 장식용으로만 허브를 올리고 싶다면 손바닥에 허브를 놓고 탁 쳐준 뒤 올리세요. 은은한 향이 퍼져요.

진저코디얼

생강차를 더 맛나게 즐기고 싶다면 진저코디얼을 만들어두세요. 사시사철 우리집 감기 예방약이 되어줄 거예요. 코디얼용 생강은 수분 함량이 높아 매운맛이 덜한 수입종이 제격이지요. 생강은 가을 이후에는 자체적으로 전분이 생성되므로 겨울이 오기 전에 담그기를 권해요. 효능을 따진다면 세척 후 생강 껍질째 넣는 게 좋은데 이때는 비정제설탕을 넣어 색을 맞추면 됩니다. 꿀을 넣으면 생강의 맛도 중화되고 부드러워집니다.

생강 1과1/2컵(200g), 설탕 2컵(360g), 물 2컵(400ml), 꿀 1큰술

1. 생강을 세척하여 준비한다.
2. 생강은 5mm 두께로 얇게 썰어 찬물에 3시간 담가 매운맛과 전분기를 뺀다.
3. 믹서 볼에 전분기를 뺀 생강과 물 2컵을 넣고 간다.
4. 냄비에 간 생강물과 설탕을 넣고 끓인다. 끓기 시작하면 중간 불에서 10분간 가열한다.
5. 불을 끄고 꿀 1큰술을 넣고 섞은 뒤 12시간 식혀 성분을 추출한다.
6. 체에 걸러 병입 후 냉장보관하여 사용한다.

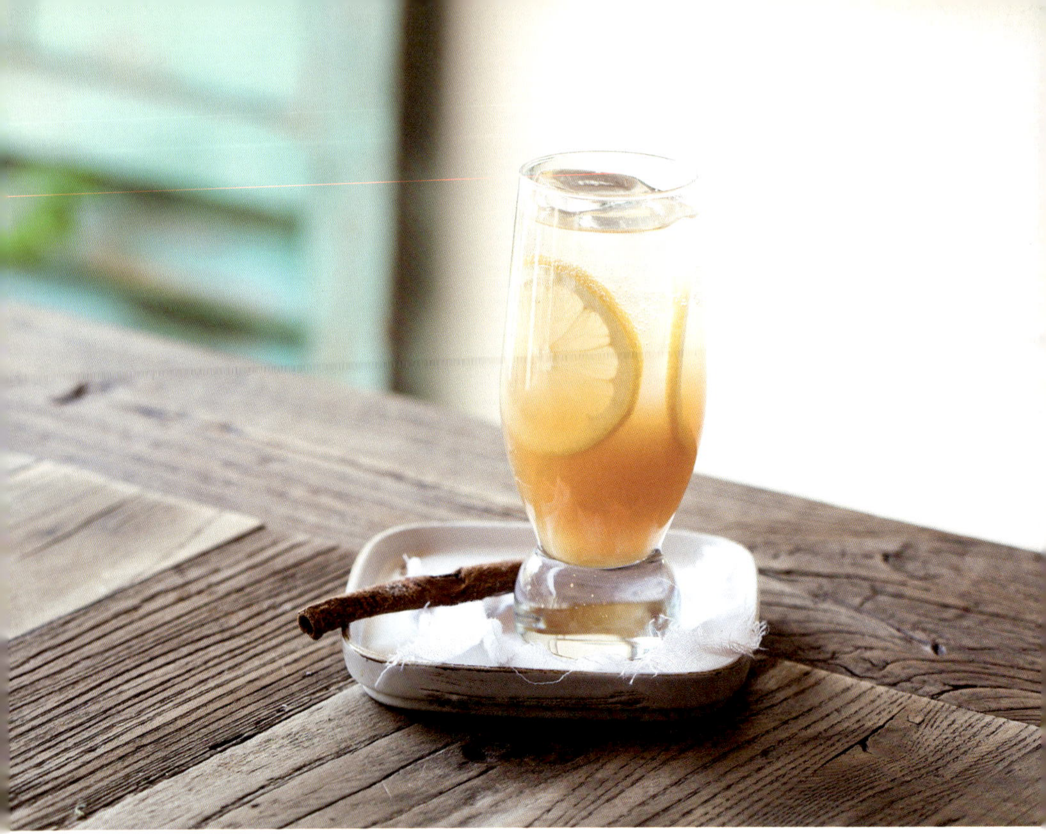

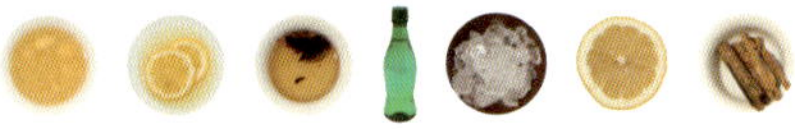

29 진저에일

아이들도 좋아하는 음료입니다. 진저코디얼에 레몬만 넣어도 맛나지만 시나몬시럽을 더하면 맛이 더욱 풍성해지지요. 아이들이 마실 때는 진저코디얼 양을 조금 줄이고 레몬청 양을 늘리면 상큼하게 즐길 수 있답니다.

진저코디얼 4큰술, 레몬청 1큰술, 시나몬시럽 1작은술, 탄산수 1컵(200ml), 얼음 1컵, 레몬 슬라이스 1~2조각, 시나몬 조각 약간

1. 잔에 진저코디얼과 레몬청, 시나몬시럽을 넣고 섞는다.
2. 레몬 슬라이스를 ❶의 잔 벽면에 붙여 장식한 뒤 얼음을 넣는다.
3. 탄산수를 부어 고루 섞는다.
4. 시나몬 조각을 올려 마무리한다.

COOKING TIP 시나몬 조각 조금 넣기

진저와 시나몬은 찰떡궁합이지요. 진저의 매운맛과 향을 시나몬이 잡아줍니다. 얼음이 들어간 음료에 시나몬 조각을 넣으면 그 향이 우러나 끝까지 맛있는 음료를 즐길 수 있답니다. 시나몬은 음료 1컵당 7~8cm 크기로 넣으세요.

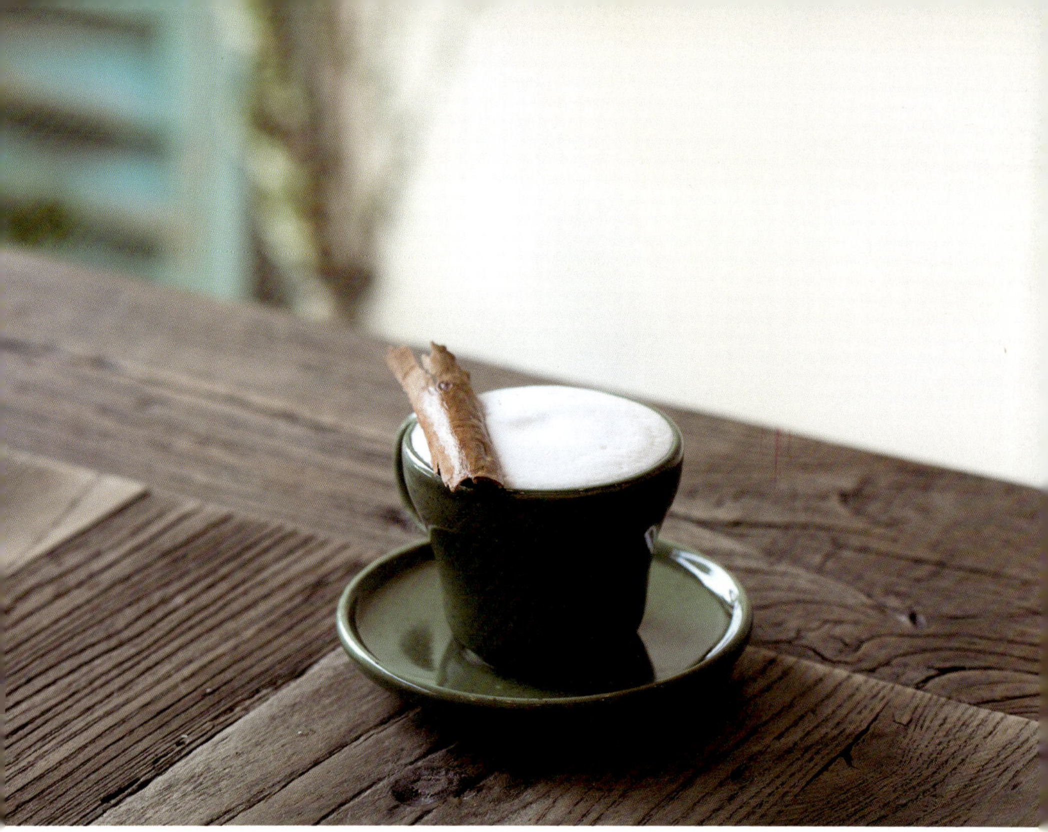

30 진저라떼

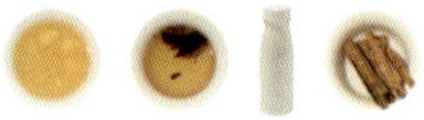

진저와 우유의 궁합, 의외라고 생각되지요? 막상 섞으면 의외로 색다른 조합이 일어난답니다. 우유의 느끼함을 진저가 잡아주어 개운한 라떼를 즐길 수 있지요. 우유를 좋아하지 않는 사람들도 즐겨 마시는 음료랍니다.

진저코디얼 4큰술,
시나몬시럽 1작은술,
우유 1컵(200ml),
시나몬 조각 약간,
잔 데울 물

1. 물을 끓여 잔의 1/2까지 붓고 30초간 잔을 예열한다.
2. 예열한 잔에 진저코디얼과 시나몬시럽을 넣고 섞는다.
3. 냄비에 우유를 부어 테두리에 1cm 링을 만들며 끓어오를 때까지 데워 ❷에 붓는다.
4. 시나몬 조각을 올려 마무리한다.

COOKING TIP 코디얼 넣는 순서

코디얼을 활용해 뜨거운 음료를 만들 때는 잔에 코디얼부터 넣어주세요. 코디얼의 찬 기운이 사라져 뜨거운 액체와 잘 섞여요. 코디얼을 나중에 넣으면 액체와 섞이면서 온도가 내려가 그 맛이 떨어진답니다.

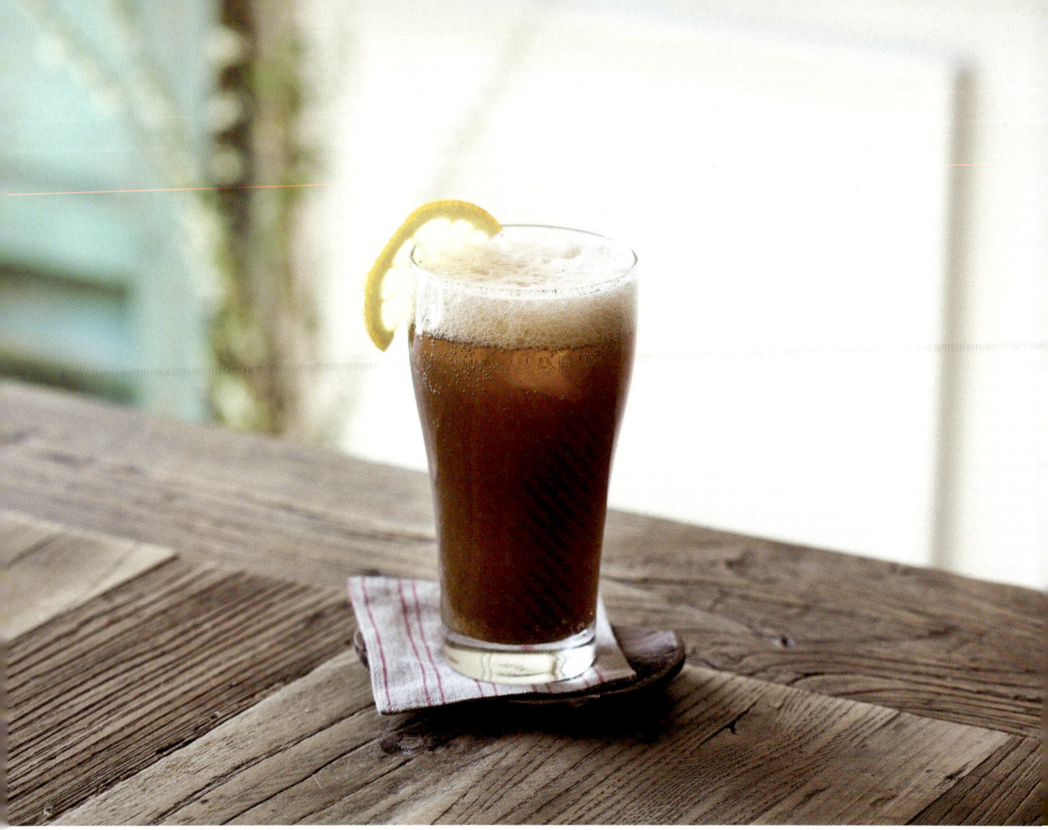

31 진저비어

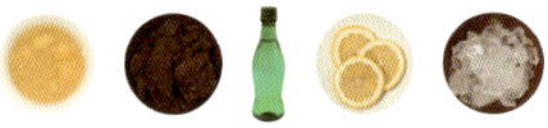

한눈에 맥주처럼 보이는 진저비어는 진저코디얼에 몰라시스를 넣어 만든 가정식 음료예요. 진저의 매콤한 맛과 몰라시스의 풍부한 향이 어우러져 진짜 흑맥주를 마시는 기분이 들지요. 아이들과 즐겨도 좋답니다.

진저코디얼 4큰술, 몰라시스설탕 1큰술, 탄산수 1컵(200ml), 얼음 1컵, 레몬 슬라이스 1조각

1. 볼에 진저코디얼과 몰라시스설탕을 섞어 녹인다.
2. 잔에 얼음을 담고 몰라시스설탕을 녹인 진저코디얼을 넣는다.
3. 탄산수를 조금씩 부어가며 고루 섞는다.
4. 잔 위쪽에 레몬 슬라이스를 장식해 마무리한다.

COOKING TIP **몰라시스설탕 흑설탕으로 대체**

설탕을 정제하고 남은 부산물인 몰라시스설탕은 식료품 가게에서도 쉽게 구입 가능하지요. 몰라시스설탕이 없다면 동량의 흑설탕으로 대체해도 좋습니다. 카라멜을 넣고 만든 흑설탕이 몰라시스설탕의 풍미를 느끼게 해준답니다.

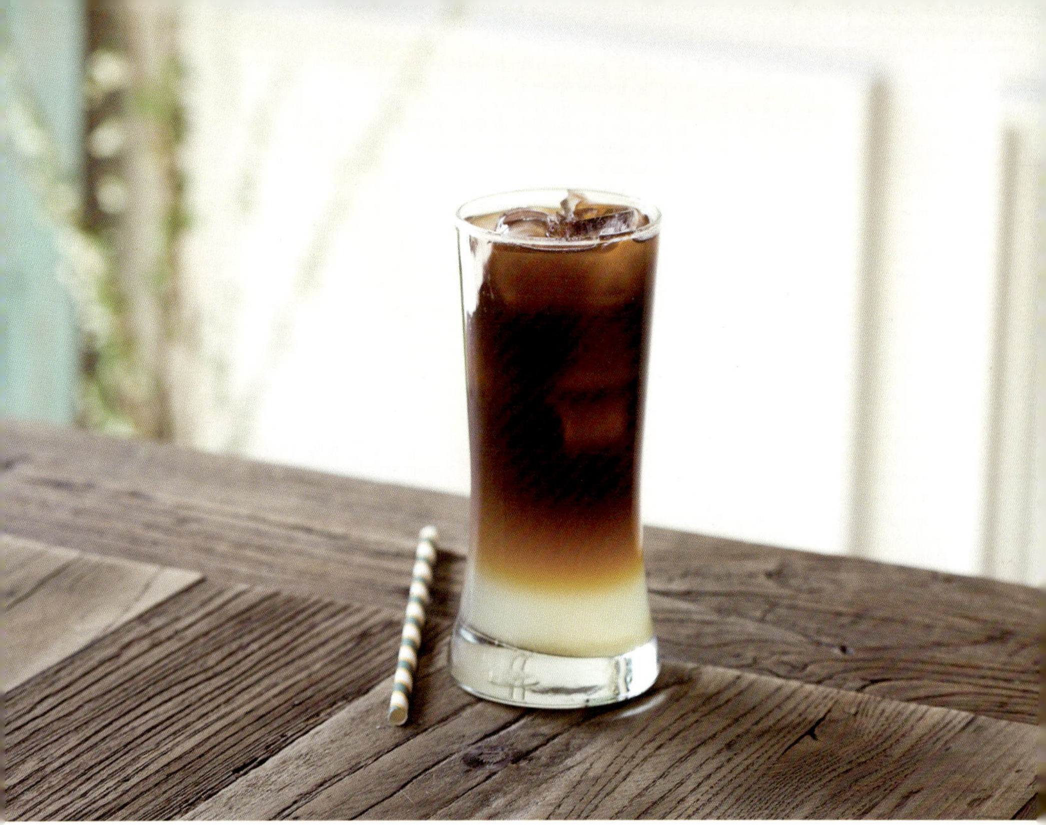

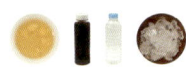

32 진저아이스아메리카노

아메리카노에 반드시 시럽을 넣어 마신다면 이제 시럽의 종류를 바꾸어보세요. 진저코디얼과 아메리카노의 궁합이 꽤 좋답니다. 건강에 좋은 진저와 기호식품인 커피를 함께 즐길 수 있어요.

진저코디얼 2큰술, 더치커피 또는 콜드브루커피 1/3컵(70ml), 물 1컵(200ml), 얼음 1컵

1. 잔에 얼음부터 가득 채운다.
2. 잔의 바닥 면에 진저코디얼 2큰술 넣는다.
3. 물 1컵을 부어 살짝 섞는다.
4. 마지막으로 커피를 넣고 마무리한다.

COOKING TIP 인스턴트커피로 더치커피 만들기

콜드브루커피나 더치커피가 없을 때는 집에 있는 인스턴트 커피를 이용해 손쉽게 만들어 보세요. 뜨거운 물 1/3컵에 인스턴트커피 1작은술을 가득 넣고 그대로 식히면 더치커피처럼 진한 커피가 완성된답니다.

로즈코디얼

로즈코디얼은 가격이 높은 생장미보다는 건장미로 만들지요. 그중에서도 향미가 뛰어난 로즈페탈을 즐겨 사용합니다. 보통 '로즈'를 떠올리면 빨간색, 핑크색을 떠올리지만 막상 장미만 넣고 끓이면 그 빛깔이 황토색에 가깝답니다. 반드시 레몬즙을 넣어야만 빨간색이 살아나지요. 로즈코디얼은 물에만 섞기보다는 다른 음료에 섞어서 내는 게 훨씬 맛있습니다. 여느 허브처럼 장기 복용은 피하는 게 좋아요.

로즈페탈 1컵(10g), 설탕 2컵(360g), 물 2컵(400ml), 레몬즙 4큰술

1. 냄비에 물과 설탕을 넣어 끓인다.
2. 따로 젓지 않고 자연스럽게 설탕이 모두 녹으면 불을 끈다.
3. 불을 끈 냄비에 곧장 로즈페탈 1컵과 레몬즙 4큰술을 넣고 12시간 우린다.
4. 12시간 뒤 로즈페탈이 우려지면 체에 걸러 코디얼만 따로 받아낸다.
5. 병입 후 냉장보관하여 사용한다.

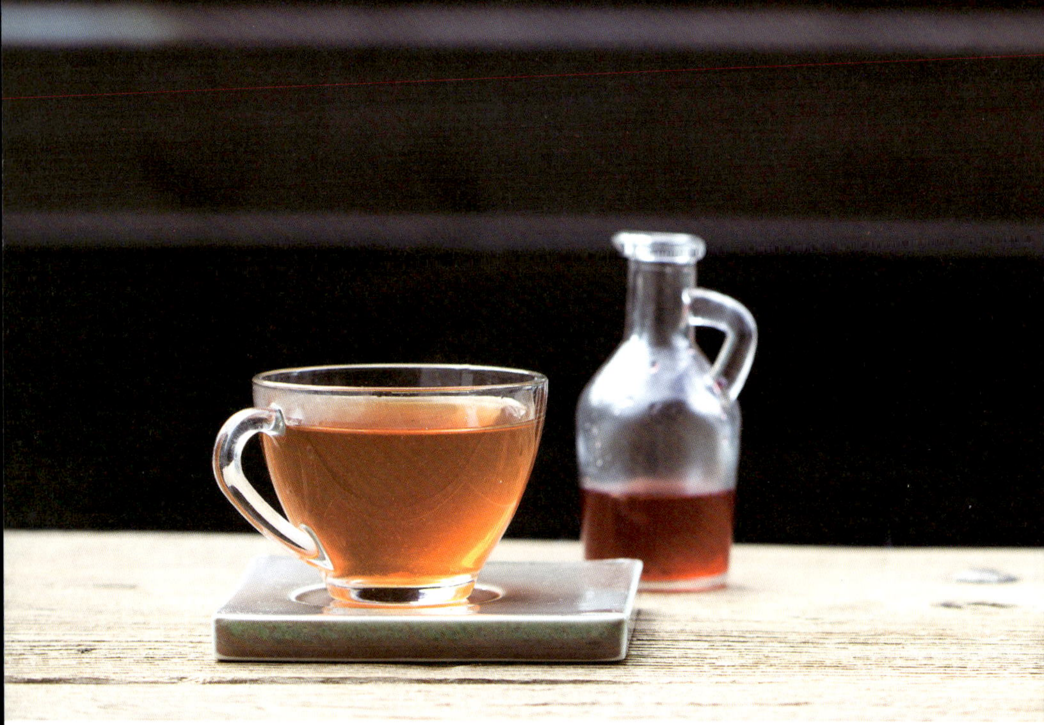

33 로즈우바티

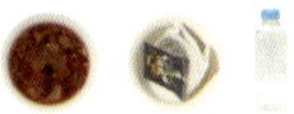

다즐링, 기문과 더불어 세계 3대 홍차로 꼽히는 우바 홍차에 로즈코디얼을 매칭했어요. 스리랑카 고산지대에서 나는 우바 홍차는 뛰어난 향미를 자랑하는데 은은한 장미향이 로즈코디얼과 자연스럽게 어울립니다.

로즈코디얼 2큰술,
우바 홍차 티백 1개,
뜨거운 물 1컵(200ml),
잔 데울 물

1. 물을 끓여 티포트와 잔의 1/2까지 붓고 30초간 예열한다.
2. 티포트에 뜨거운 물 1컵을 넣고 우바 홍차 티백을 넣고 2분간 우린다.
3. 예열한 잔에 로즈코디얼 2큰술을 넣는다.
4. 2분 후 잘 우려진 홍차를 잔에 따라 로즈코디얼과 섞어 마신다.

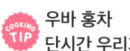

COOKING TIP 우바 홍차 단시간 우리기

일반 홍차에 비해 우바 홍차는 우리는 시간을 1분가량 단축해주세요. 조금만 우려도 색과 향이 진하게 우러나지요. 우바 티가 없다면 실론티 베이스의 잉글리시브랙퍼스트를 사용해도 좋아요.

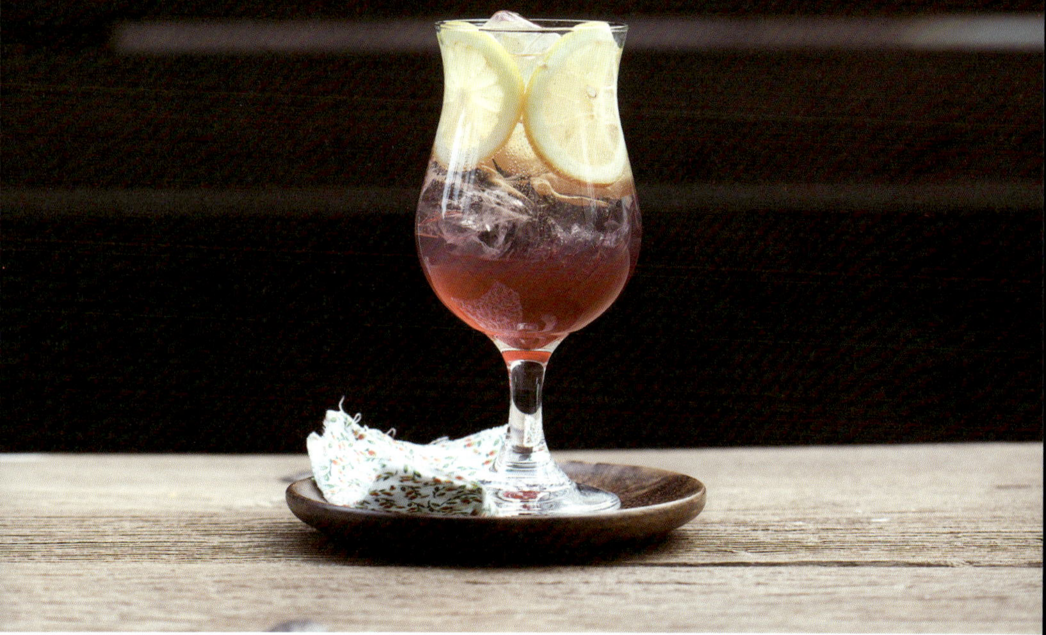

34 로즈레몬소다

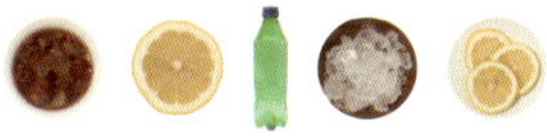

로즈코디얼은 그대로 물에 섞어 마시기가 쉽지 않지요. 가장 간단한 방법이 레몬즙을 넣는 거예요. 로즈와 레몬이 만나면 색도 예뻐지고 맛도 중화되지요. 비타민C 함량도 높아져 여성들에게 특히 좋은 음료가 완성됩니다.

로즈코디얼 4큰술, 레몬즙 1큰술, 탄산음료1컵(200ml), 얼음 1컵, 레몬 슬라이스 2조각

1. 잔을 준비해 로즈코디얼과 레몬즙을 넣는다.
2. 얼음을 채우고 레몬 슬라이스를 잔 벽면에 붙여 장식한다.
3. 탄산음료를 붓고 머들러로 아래위로 섞어 완성한다.

COOKING TIP **레몬즙 짜는 요령**

딱딱한 레몬은 그대로 짜면 즙이 많이 나오지 않지요. 레몬을 도마 위에 올려 손바닥으로 굴린 뒤 반 잘라 즙을 내면 수월하게 많은 양의 레몬즙을 얻을 수 있답니다. 레몬을 반 잘라 포크로 콕콕 찌른 뒤에 즙을 내어도 되어요.

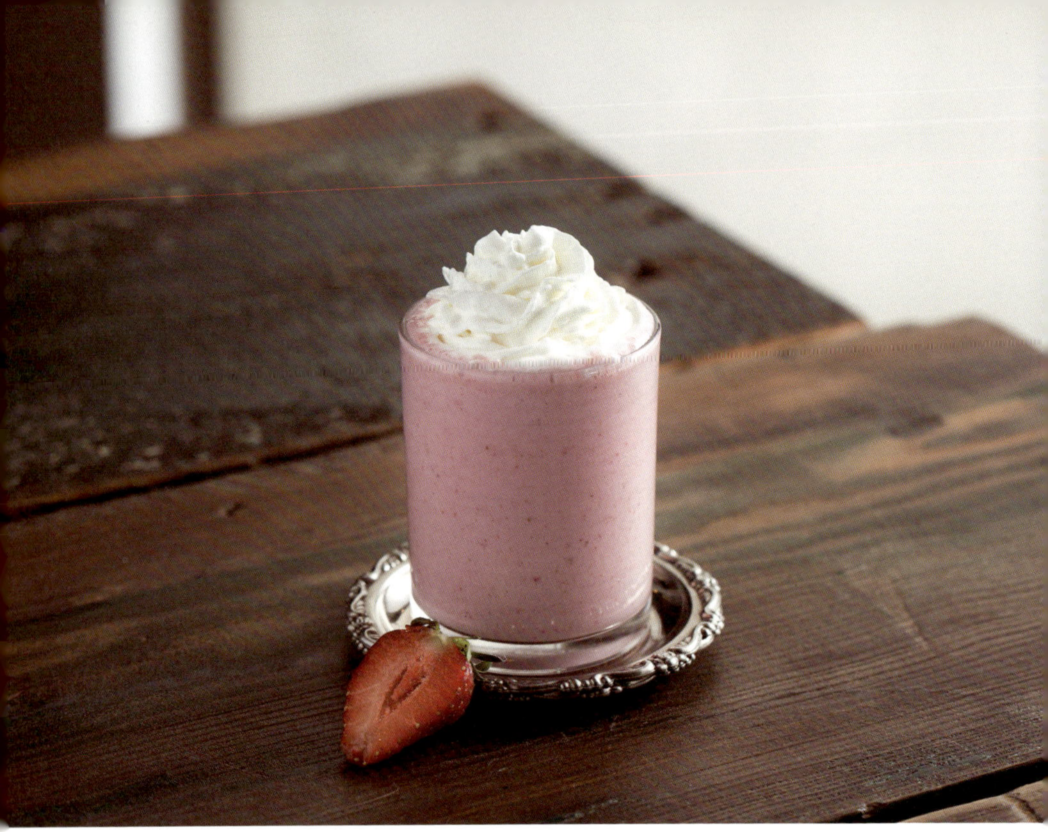

35 로즈스트로베리스무디

흔히 마시던 쉐이크나 스무디에 은은한 꽃향기의 로즈코디얼을 넣어 엣지를 주세요. 단조로운 맛에 활기가 느껴진답니다. 딸기와 로즈가 의외로 어울리지요. 코디얼은 여러 음료와 믹스할 때 더 맛있답니다.

로즈코디얼 4큰술,
딸기 1과1/2컵,
우유 1/2컵(100ml),
얼음 1컵,
시판용 휘핑크림

1. 딸기는 세척해 꼭지를 분리한다.
2. 믹서 볼에 딸기와 우유, 얼음을 넣어 간다.
3. ❷에 로즈코디얼을 넣어 모든 재료가 섞여 하나가 될 때까지 한 번 더 간다.
4. 준비된 잔에 붓고 시판용 휘핑크림으로 위쪽을 장식한다.

COOKING TIP **딸기 품종별 맛 차이**

딸기를 고를 때 설향, 육보, 장희 등의 품종을 알아두면 도움이 되지요. 이중 설향은 국산 품종으로 과육이 단단하고 당도가 높습니다. 육보와 장희는 일본 품종으로 육보는 새콤하고 아삭한 식감이, 장희는 뛰어난 당도가 유명합니다.

36 로즈라떼

과일라떼, 비앙코라떼, 너트라떼… 최근 들어 개성만점의 라떼가 속속 등장 중이지요. 곧 꽃향기 나는 라떼도 인기를 모으지 않을까요? 로즈코디얼로 라떼를 만들었습니다. 맛있는 커피에 플라워노트가 있듯 커피와 로즈는 참 잘 어울려요.

재료
로즈코디얼 3큰술,
우유 2/3컵(140ml),
더치커피 또는
콜드브루커피
1/3컵(70ml),
잔 데울 물

만드는 법
1. 물을 끓여 잔의 1/2까지 붓고 30초간 잔을 예열한다.
2. 예열한 잔에 로즈코디얼과 커피를 넣고 고루 섞는다.
3. 냄비에 우유를 부어 테두리에 1cm 링을 만들며 끓어오를 때까지 중간 불로 데운다.
4. 따뜻하게 데운 우유를 ❷에 섞는다.

 우유 데우기

우유 베이스의 핫 음료를 만들 때는 반드시 우유를 60~70℃ 온도에서 데워 사용하세요. 우유를 보글보글 끓이면 유막이 생기면서 우유에서 익은 맛이 나오지요. 냄비 테두리에 기포가 생길 즈음 불을 끄세요.

엘더플라워코디얼

국내에서는 아직 생소하지만 약용성분이 우수한 딱총나무 꽃으로 만든 코디얼입니다. 향은 무척 좋지만 맛은 거의 나지 않지요. 200g 기준 10만원을 훌쩍 넘을 만큼 고가이므로 가능한 직구를 통해 구입하는 게 저렴합니다. 엘더플라워코디얼을 만들 때는 반드시 고운체에 걸러야 깔끔한 농축액을 얻을 수 있습니다. 신맛이 나는 시트러스 과일류나 베리류와 잘 어울리며, 사과와 시나몬과의 조합도 좋아요.

엘더플라워 1컵(10g), 레몬 중간크기 1개(120g), 설탕 2컵(360g), 물 2컵(400ml)

1. 레몬을 반 잘라 한쪽만 즙을 낸다.
2. 남은 레몬은 껍질째 반달모양으로 썬다.
3. 냄비에 설탕과 물, 레몬즙과 반달모양으로 썬 레몬을 넣고 가열한다.
4. 전체적으로 끓어오르면 불을 끄고 엘더플라워를 넣고 12시간 우린다. 과일과 달리 허브류는 끓이지 않고 잎을 우려 성분을 추출한다.
5. 12시간 동안 우린 후 체에 걸러 병입한다.

37 엘더플라워애플주스

엘더플라워의 달콤한 향이 풋풋한 사과향과 어우러지는 주스예요. 당도 높은 사과주스가 엘더플라워코디얼을 만나 풍미가 더 화사해집니다. 엘더플라워코디얼을 즐기는 좋은 방법이에요.

엘더플라워코디얼 2큰술, 사과주스 1컵(200ml), 얼음 1컵, 사과 슬라이스 1조각, 애플민트 약간

1. 폭이 넓은 잔을 준비해 얼음을 채운다.
2. 얼음 위로 엘더플라워코디얼 2큰술을 넣어 코디얼의 온도를 낮춘다.
3. 사과주스를 1컵 붓고 고루 섞는다.
4. 사과 슬라이스를 잔 벽면에 장식하고 애플민트로 마무리한다.

 COOKING TIP 장식용 과일 크기

음료 장식에는 주재료를 활용하는 게 좋아요. 한눈에 어떤 재료로 만든 음료인지 보여줌과 동시에 향과 맛이 일치해 음료의 맛을 높여주지요. 이때 장식 과일은 너무 두껍지 않아야 무거워 보이지 않는답니다.

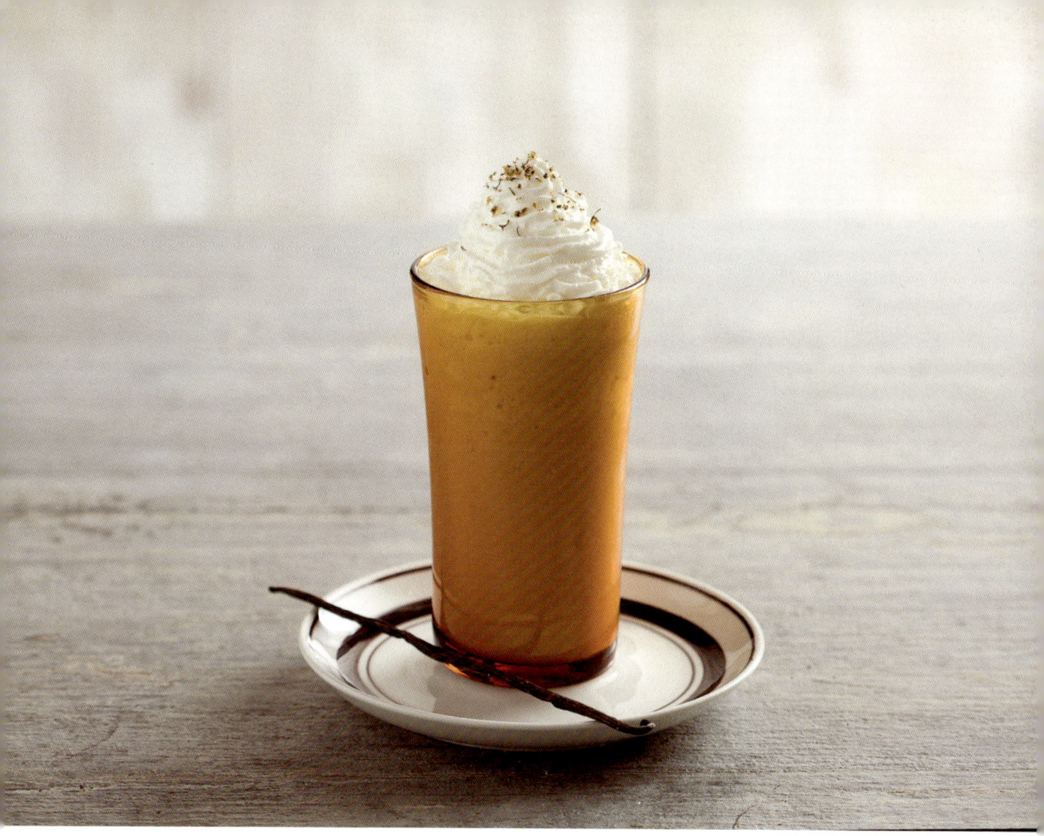

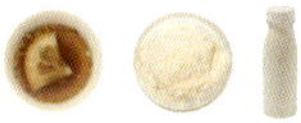

38 엘더플라워바닐라쉐이크

허브와 아이스크림을 믹스한 아이스바를 맛보고 시도해본 음료예요. 모두가 아는 흔한 맛의 바닐라아이스크림과 우유에 엘러플라워코디얼을 넣으면 달콤하고 향기로운 맛이 감돌지요.

엘더플라워코디얼 4큰술, 바닐라 아이스크림 2스쿱, 우유 1/2컵(100ml), 시판용 휘핑크림

1. 믹서 볼에 엘더플라워코디얼과 아이스크림, 우유를 넣는다.
2. 가장 빠른 속도로 내용물 전체가 섞일 때까지 간다.
3. 반대로 가장 느린 속도로 10초간 간다.
4. 준비한 잔에 붓고 휘핑크림을 올려 마무리한다.

COOKING TIP **집에서 휘핑크림 만들기**

휘핑크림을 집에서 만들 때는 생크림이 단단해질 때까지 거품기로 모양을 잡아주세요. 동물성 생크림은 생각보다 모양이 쉽게 잡히지 않지요. 핸드 믹서를 이용해도 좋아요. 작은 부리처럼 단단해지도록 휘핑해야 흐르지 않아요.

비타민허브코디얼

히비스커스와 로즈힙 두 가지 허브로 만드는 코디얼로 에너지가 부족한 분들에게 강추합니다. 특히 히비스커스를 활용한 음료는 해외에서 운동선수들이 스포츠음료 대용으로도 즐겨 마시지요. 로즈힙은 비타민C 함유량이 레몬의 30배에 달하니, 두 허브의 만남이 지친 몸을 일으키기 충분하겠지요? 비타민허브코디얼은 색깔과 달리 향은 거의 나지 않아 마시기 좋답니다. 다만 너무 많이 마시면 심장이 두근거려 잠이 이루지 못할 수도 있으니 조금씩 드세요.

히비스커스 · 로즈힙 1/2컵(10g)씩, 레몬 중간크기 2/3개(75g), 설탕 2컵(360g),
물 2컵(400ml), 레몬즙 5큰술

1. 레몬은 세척해 물기를 제거한 뒤 껍질째 반달모양으로 썬다.
2. 냄비에 분량의 설탕과 물을 넣고 끓인다.
3. 끓어오르면 반달모양으로 썬 레몬과 레몬즙을 넣고 한 번 더 끓인다.
4. 다시 끓어오르면 불을 끄고 히비스커스와 로즈힙을 넣고 12시간 동안 우린다.
5. 12시간 뒤 레몬과 허브가 우러나면 체에 걸러 병입한다.

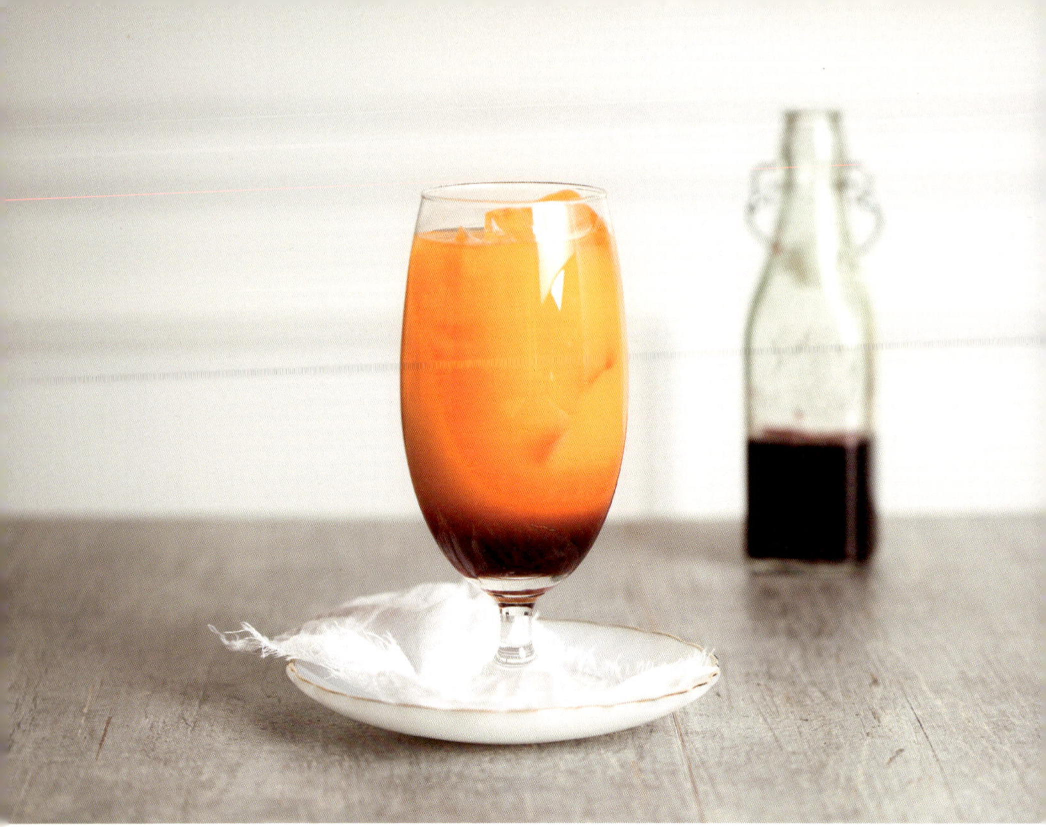

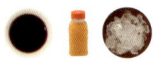

39 비타민썬라이즈

붉은 노을을 연상시키는 음료로 화려한 비주얼로 손님 초대상에 내놓기 좋은 메뉴이지요. 별도의 과정 없이 간단하게 만들 수 있답니다. 농축 코디얼을 먼저 넣고 오렌지주스를 나눠서 붓는 게 포인트예요.

비타민허브코디얼 4큰술, 오렌지 주스 1컵(200ml), 얼음 1컵

1. 준비된 잔에 얼음을 넣는다.
2. 비타민허브코티얼을 넣고 오렌지주스 1/3컵을 부어 살짝 섞는다.
3. 나머지 오렌지주스를 천천히 부어 자연스러운 그라데이션을 연출한다.
4. 마시기 직전에 머들러로 섞어 음용한다.

COOKING TIP

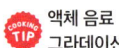

액체 음료 그라데이션

액체 재료를 섞어 그라데이션을 낼 때는 무겁거나 농도가 짙은 액체를 밑에 깔아줘야 합니다. 반대로 하면 무거운 액체가 곧장 내려가 그라데이션이 사라지지요. 층층이 그라데이션된 음료는 반드시 섞어서 마셔야 맛이 완성됩니다.

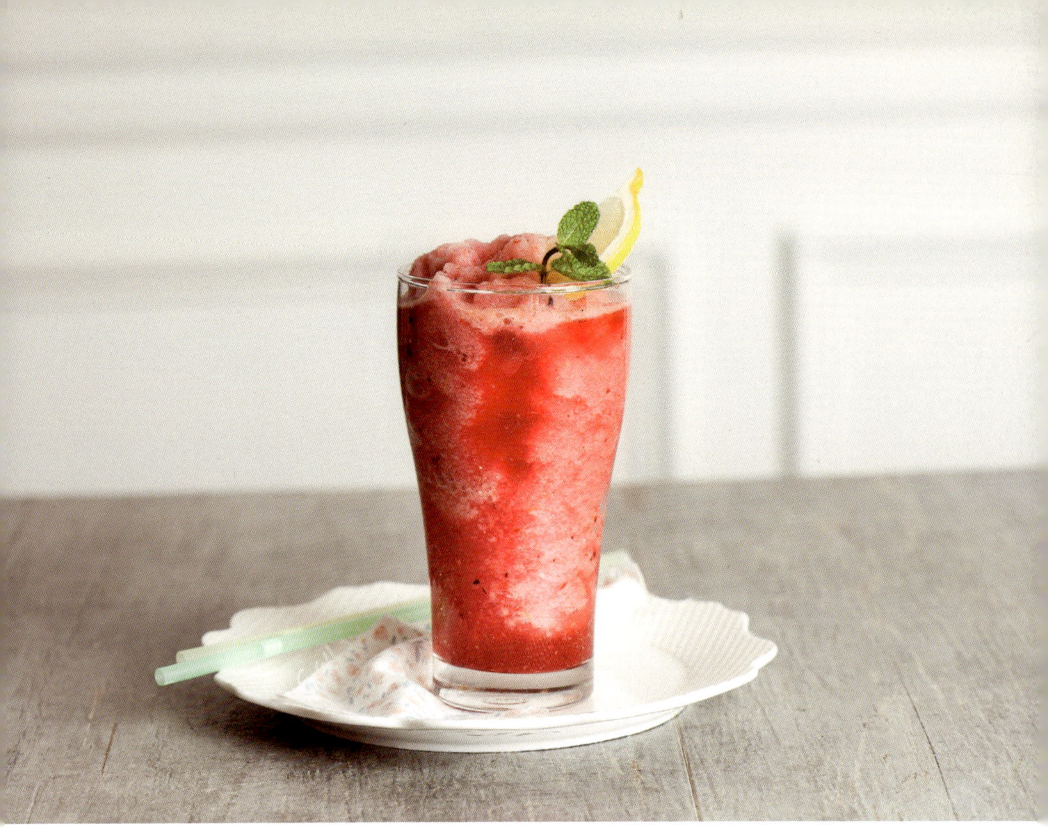

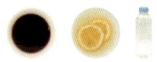

40 비타민스무디

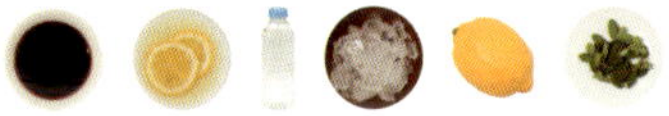

평소 오래 걷거나 에너지 소모가 많은 날 즐겨 마시는 음료예요. 비타민스무디 한 잔이면 에너지가 샘솟지요. 색도 예쁘고 맛도 새콤달콤해 온가족이 나눠 마셔도 좋답니다. 히비스커스와 로즈힙은 부담 없이 즐기기 좋은 허브입니다.

비타민허브코디얼 5큰술, 레몬청 1큰술, 물 1/2컵(100ml), 얼음 1과1/2컵, 레몬 슬라이스 1조각, 애플민트 약간

1. 믹서 볼에 비타민허브코디얼과 레몬청, 물, 얼음을 넣는다. 레몬청에는 레몬청 조각도 함께 넣는다.
2. 재료가 한데 섞일 때까지 갈아야 스무디 질감이 나온다.
3. 준비된 잔에 붓고 레몬 슬라이스와 애플민트로 장식한다.

COOKING TIP 과일청 조각 활용

스무디나 쉐이크처럼 모든 재료를 한데 섞어 갈아 만드는 음료에는 청 속의 과일청 조각을 함께 넣는 게 좋습니다. 과일청 조각을 넣고 만들면 음료의 향과 질감이 한층 더 좋아져요.

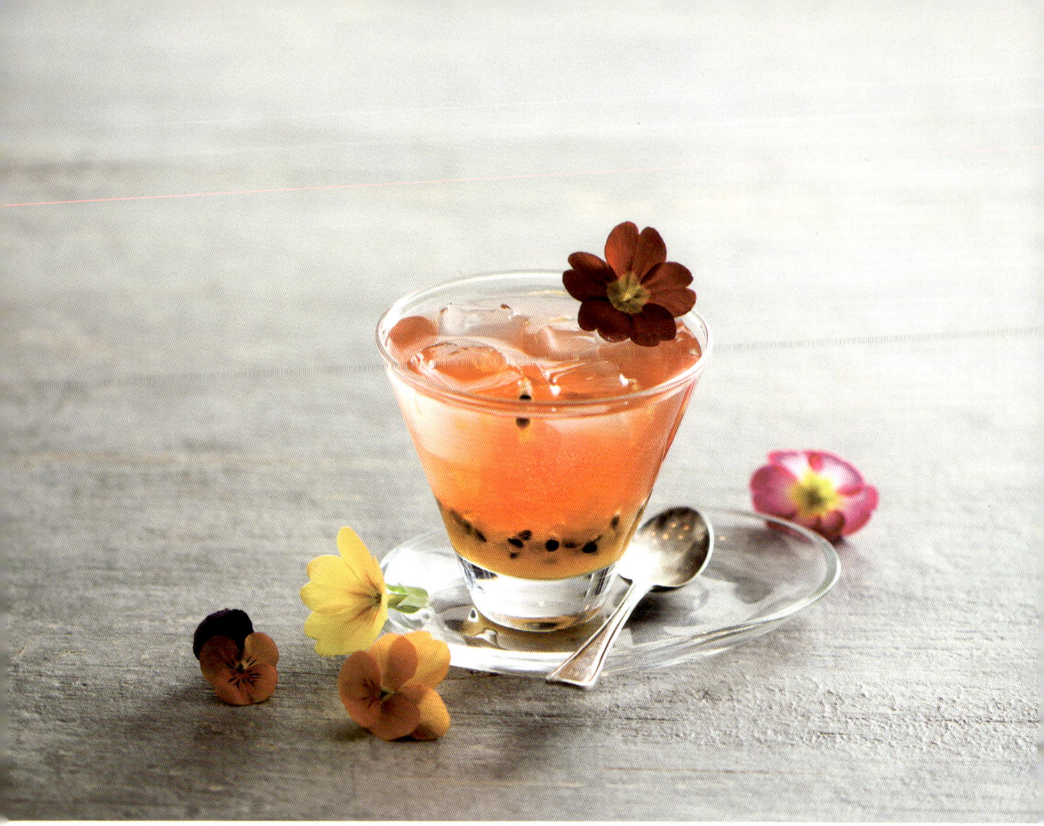

41 레드트로피컬

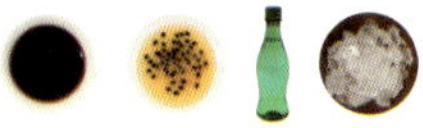

코디얼과 청을 섞어 음료를 만들어도 색다른 조합을 이루지요.
비타민허브코디얼과 패션프루트청을 섞으면 열대음료 맛이 살짝 나는데
탄산수와 매칭하면 달지 않게 즐길 수 있습니다.

비타민허브코디얼 · 패션프루트청 2큰술씩, 탄산수 1컵(200ml), 얼음 1컵, 식용꽃 약간

1. 잔에 패션프루트청을 넣고 얼음을 채운다.
2. 탄산수 1컵을 부어 패션프루트청과 가볍게 섞는다.
3. 비타민코디얼 2큰술을 넣고 섞은 뒤 식용꽃으로 장식한다.

COOKING TIP 식용꽃 보관 노하우

식용꽃은 보관이 쉽지 않지요. 반드시 수분을 공급해 냉장보관해야 합니다. 키친타월에 물을 살짝 묻혀 바닥에 깔은 뒤 그 위에 식용꽃을 올려 냉장보관하세요. 1주일은 사용할 수 있어요.

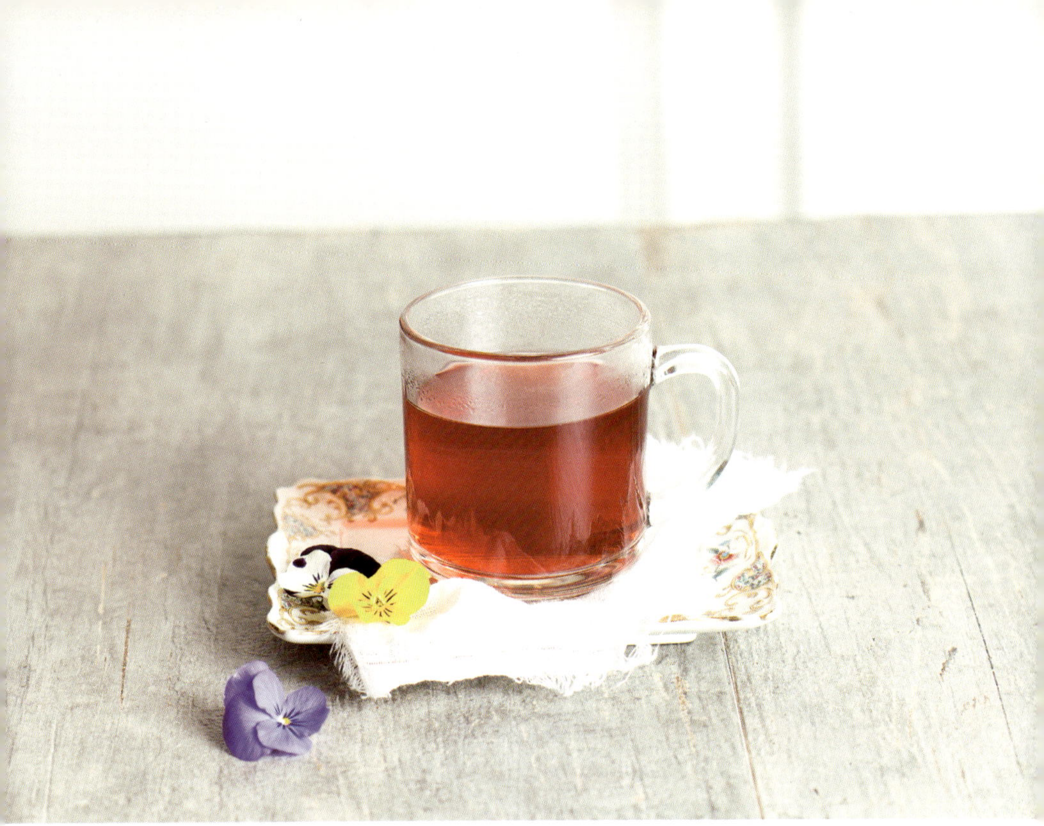

42 레드비타민

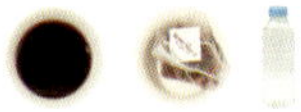

비타민허브코디얼은 에너지 음료 베이스로 제격입니다. 붉은색의 허브는 비타민 함량이 높아 피곤할 때 마시면 자양강장제가 되어주지요. 뜨겁게 핫티로 즐기면 흡수가 더 빨라져 즉각적인 에너지 업 효과를 얻을 수 있어요.

비타민허브코디얼 3큰술, 로즈페탈 티백 1개, 뜨거운 물 1컵(200ml), 잔 데울 물

1. 물을 끓여 티포트와 잔의 1/2까지 붓고 30초간 예열한다.
2. 예열한 티포트에 로즈페탈 티백 1개와 뜨거운 물 1컵을 넣어 3분간 우린다.
3. 예열한 잔에 비타민허브코디얼을 넣는다.
4. 잘 우린 로즈페탈티를 부어 섞어 마신다.

COOKING TIP **코디얼의 향 높히기**

별다른 향이 없는 비타민허브코디얼에 로즈페탈 티백을 더하면 향도 맛도 좋아집니다. 상큼한 레몬글라스를 매칭해도 잘 어울리지요. 비타민허브코디얼에 들어 있는 레몬과 만나 레몬향이 배가됩니다.

라벤더코디얼

향이 강한 라벤더는 약간의 용량만으로도 코디얼을 만들 수 있지요. 스트레스가 쌓인 날 라벤더코디얼을 활용해 음료를 만들어 드세요. 마음이 진정되는 효과를 얻을 수 있답니다. 라벤더코디얼을 만들 때 색상을 보라색으로 내고 싶다면 레몬이나 구연산을 조금 넣으세요. 카모마일, 페퍼민트를 더하면 라벤더코디얼을 색다르게 즐길 수 있습니다. 라벤더와 다른 허브의 비율은 9:1이 적당해요.

라벤더 1컵(10g), 설탕 2컵(360g), 물 2컵(400g), 레몬즙 2큰술

1. 냄비에 분량의 설탕과 물을 부어 끓인다. 젓지 않고 끓여야 냉장보관 시 결정이 생기지 않는다.
2. 설탕이 온전히 다 녹으면 불을 끈다.
3. 바로 라벤더와 레몬즙을 넣고 12시간 우린다.
4. 체에 걸러 병입 후 냉장보관한다.

 설탕과 물을 끓일 때는 젓지 말아야

코디얼이나 시럽을 만들 때 설탕과 물을 먼저 끓일 때가 있지요. 이때는 따로 젓지 말고 설탕이 녹을 때까지만 천천히 끓이세요. 그래야 냉장보관 시 설탕 결정체가 생기지 않습니다.

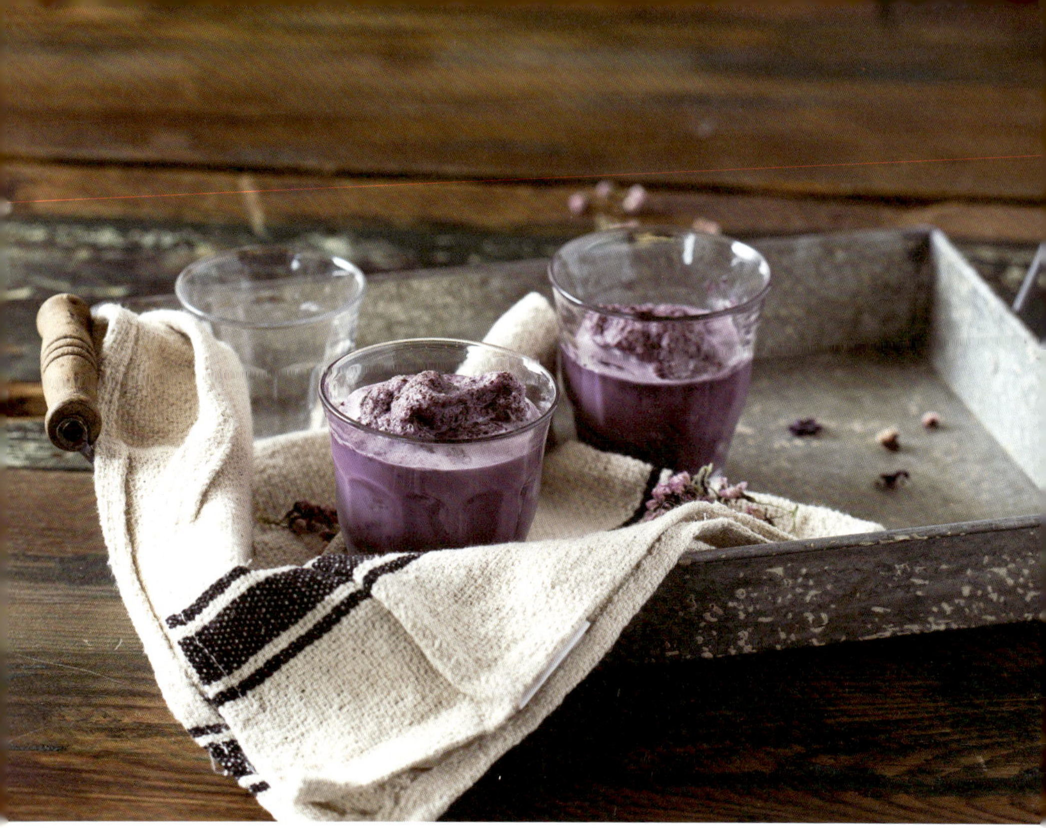

43 라벤더블루베리쉐이크

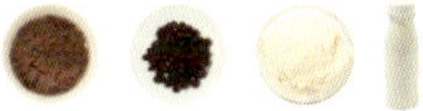

라벤더와 블루베리를 섞어 보라색의 쉐이크를 완성했어요. 단조로운 맛과 라벤더의 강한 향이 의외로 잘 어울리지요. 블루베리로 쉐이크를 만들 때는 냉동 블루베리를 사용하는 게 더 좋아요.

라벤더코디얼 3큰술, 블루베리 1/2컵(70g), 바닐라아이스크림 2스쿱, 우유 1/2컵(100ml)

1. 믹서 볼에 라벤더코디얼과 블루베리, 아이스크림, 우유를 넣는다.
2. 재료가 모두 섞여 보라색이 될 때까지 간다.
3. 준비된 잔에 붓는다.

COOKING TIP **복분자로 색과 맛 유지**

블루베리 대체로 동량의 복분자를 넣어도 색과 맛이 비슷하답니다. 복분자 자체에서 나는 우유의 향이 쉐이크와 잘 어울리지요. 복분자의 짙은 보라색은 눈 건강에도 도움이 됩니다.

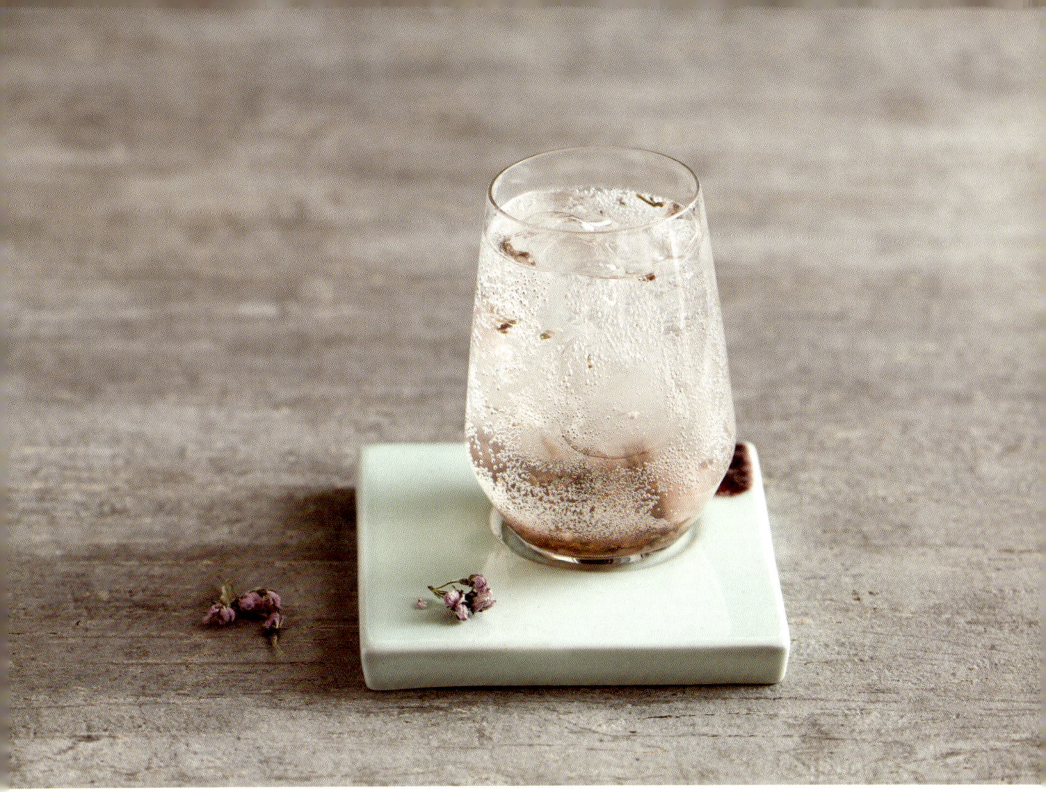

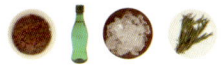

44 라벤더큐브소다

라벤더코디얼을 얼린 라벤더큐브를 응용해 만든 음료입니다. 라벤더큐브를 만들 때 꽃송이를 넣고 얼리면 시각적으로 더 좋은 효과를 낼 수 있지요. 맛과 향이 강하게 느껴지면 라벤더큐브와 일반 얼음을 반반씩 넣어주세요.

라벤더코디얼 얼음 6~7개, 탄산수 1컵(200ml), 식용꽃 또는 로즈마리 약간

1. 라벤더코디얼을 얼음 틀에 넣고 하루 동안 얼린다.
2. 잔을 준비해 미리 얼려둔 ❶의 라벤더큐브를 넣는다.
3. 라벤더큐브를 채운 잔에 탄산수를 붓는다.
4. 식용꽃이나 로즈마리로 장식해 마무리한다.

COOKING TIP 코디얼 얼음 얼리기

코디얼로 얼음을 얼릴 때는 시간을 길게 잡아줘야 해요. 일반 물을 얼릴 때보다 더 오래 걸리지요. 하루는 얼려야 단단하게 모양이 잡힙니다. 여름철 생수에 큐브 하나만 넣어 마셔도 입안에 향긋한 라벤더향이 맴돌아요.

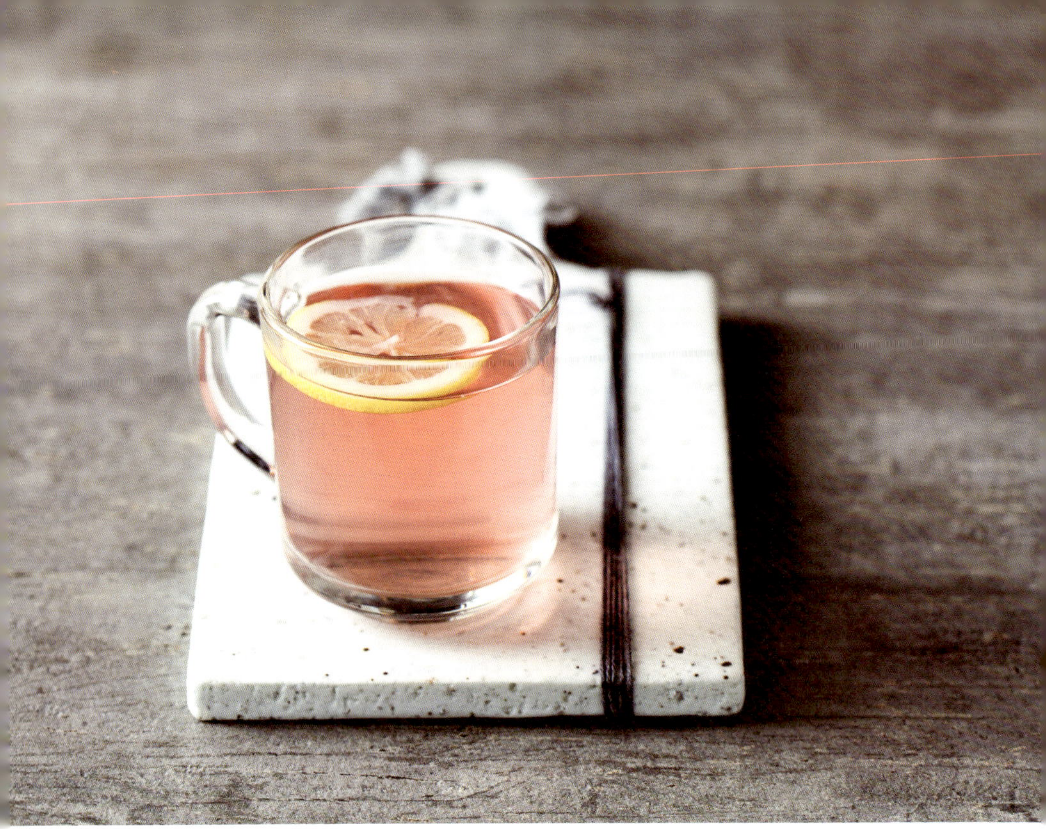

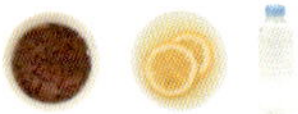

45 라벤더레몬티

스트레스 지수가 높거나 마음에 안정을 얻고 싶은 날, 추천하고픈 핫티입니다. 천천히 향을 음미하다보면 마음이 진정되어요. 잠 들지 못하는 밤, 커피 대신 라벤더레몬티를 드세요.

라벤더코디얼 · 레몬청 2큰술씩, 뜨거운 물 1컵(200ml), 잔 데울 물

1. 물을 끓여 잔의 1/2까지 붓고 30초간 잔을 예열한다.
2. 예열한 잔에 라벤더코디얼과 레몬청을 넣고 섞는다.
3. 뜨거운 물 1컵을 부어 2분 정도 우려 음용한다.

COOKING TIP 라벤더레몬청 만들기

라벤더레몬티가 취향에 맞는다면 레몬청에 라벤더 티백을 넣어 라벤더레몬청을 만들어 보세요. 레몬 1개당 라벤더 티백 1개를 넣으면 됩니다. 청을 만드는 단계에서 티백을 넣으면 레몬청의 수분으로 라벤더가 우러나 향이 더욱 좋지요.

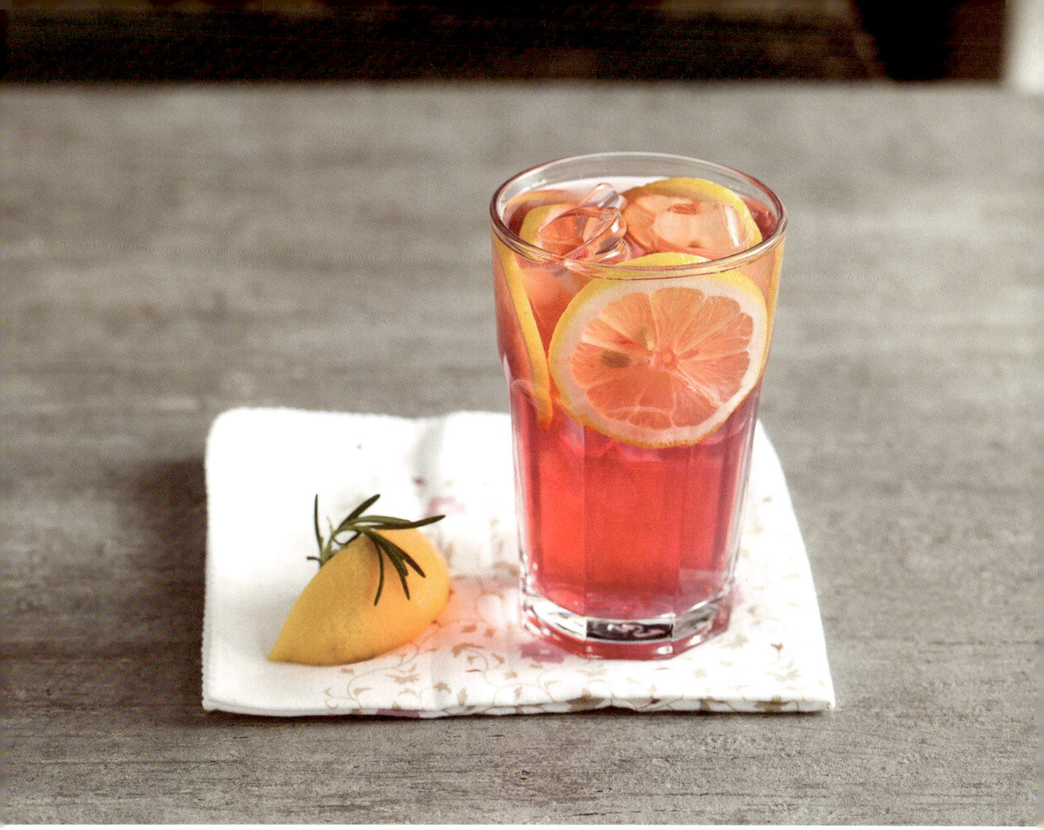

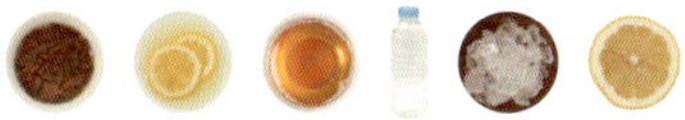

46 라벤더레몬비네거

요즘 식초 베이스의 음료가 유행이지요. 자연발효식초는 식초와 설탕, 주재료를 동일한 비율로 섞어 2주간 발효하는데 이 방법을 이용해 음료도 만들 수 있답니다. 설탕을 코디얼로 대체하면 건강도 맛도 살려줍니다.

라벤더코디얼 2큰술, 레몬청 1큰술, 자연발효식초 3큰술, 물 1컵(200ml), 얼음 1컵, 레몬 슬라이스 3조각

1. 볼에 라벤더코디얼과 레몬청, 자연발효식초를 넣고 섞는다.
2. 잔에 얼음을 채운 뒤 ❶을 넣는다.
3. 물 1컵을 넣고 고루 섞어가며 희석한다.
4. 준비한 레몬 슬라이스로 장식해 마무리한다.

COOKING TIP 식초마다 맛과 향 제각각

음료에 사용되는 자연발효식초로는 감식초나 백포도식초가 적당합니다. 감식초는 탄닌이 있어 살짝 떫은맛이 나는 반면, 백포도식초는 식초향이 강한 편이지요. 파인애플과 백포도식초, 설탕으로 만든 파인애플식초를 넣어도 좋습니다.

인삼코디얼

면역력이 떨어지는 환절기면 한번쯤 찾게 되는 인삼은 코디얼로 만들어두면 쓰임새가 많답니다. 우유, 시나몬 등을 더해 음료로 마셔도 좋고, 삼계탕 같은 요리에 설탕 대신 넣어주면 은은한 인삼향이 나면서 맛도 깊어져요. 샐러드용 드레싱에 조금만 넣어도 색다른 샐러드드레싱이 만들어진답니다. 성분이 농축된 말린 인삼을 사용해 코디얼을 만든다면 용량을 1/2로 줄이고 가열시간은 늘리세요.

인삼 중간크기 2뿌리(300g), 설탕 2컵(360g), 물 2컵(400g)

1. 인삼을 5mm 두께로 슬라이스한다.
2. 냄비에 분량의 설탕과 물을 부어 끓인다.
3. 끓어오르면 슬라이스한 인삼을 넣고 중간 불에서 5분간 끓이다 불을 끈다.
4. 12시간 동안 식혀 인삼 성분을 우린다.
5. 체에 걸러 병입 후 냉장보관한다.

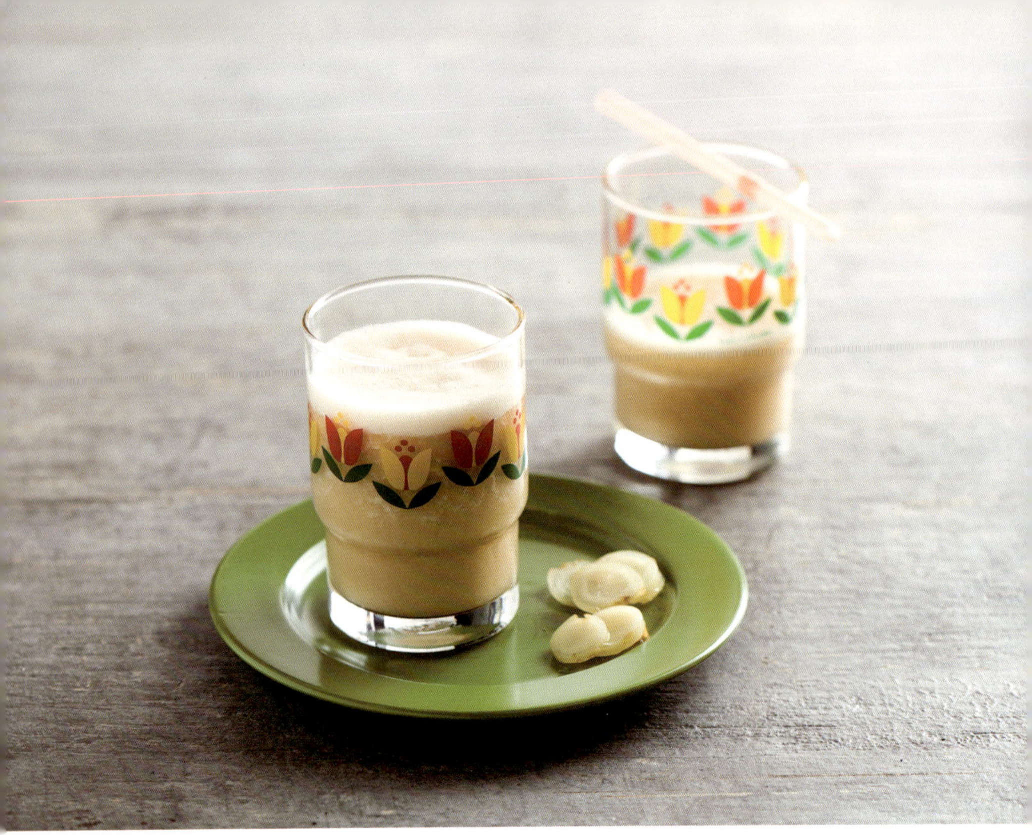

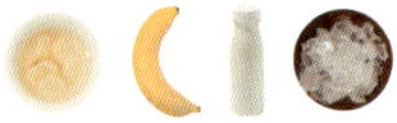

47 인삼바나나주스

오묘한 쓴맛에 쉽사리 손이 가지 않는 인삼 음료들. 이젠 수제 인삼코디얼을 넣어 다양한 음료로 즐겨보세요. 바나나의 단맛이 인삼의 쓴맛을 가려줍니다. 아침식사 대용으로도 추천할 만한 음료예요.

인삼코디얼 4큰술, 바나나 중간크기 1개, 우유 1컵(200ml), 얼음 1컵

1. 믹서 볼에 인삼코디얼과 바나나, 우유를 넣고 간다. 바나나가 갈리면 정지한다.
2. 준비된 잔에 얼음을 넣는다.
3. ❶을 부어 완성한다

COOKING TIP 바나나 변색 방지하기

바나나는 변색이 빨라 보관이 쉽지 않지요. 바나나 껍질을 벗겨 레몬즙을 바른 뒤 얼려 보세요. 바나나의 갈변 현상이 늦춰집니다. 다음 랩으로 바나나 송이별로 개별 래핑한 뒤 냉동해 사용하세요.

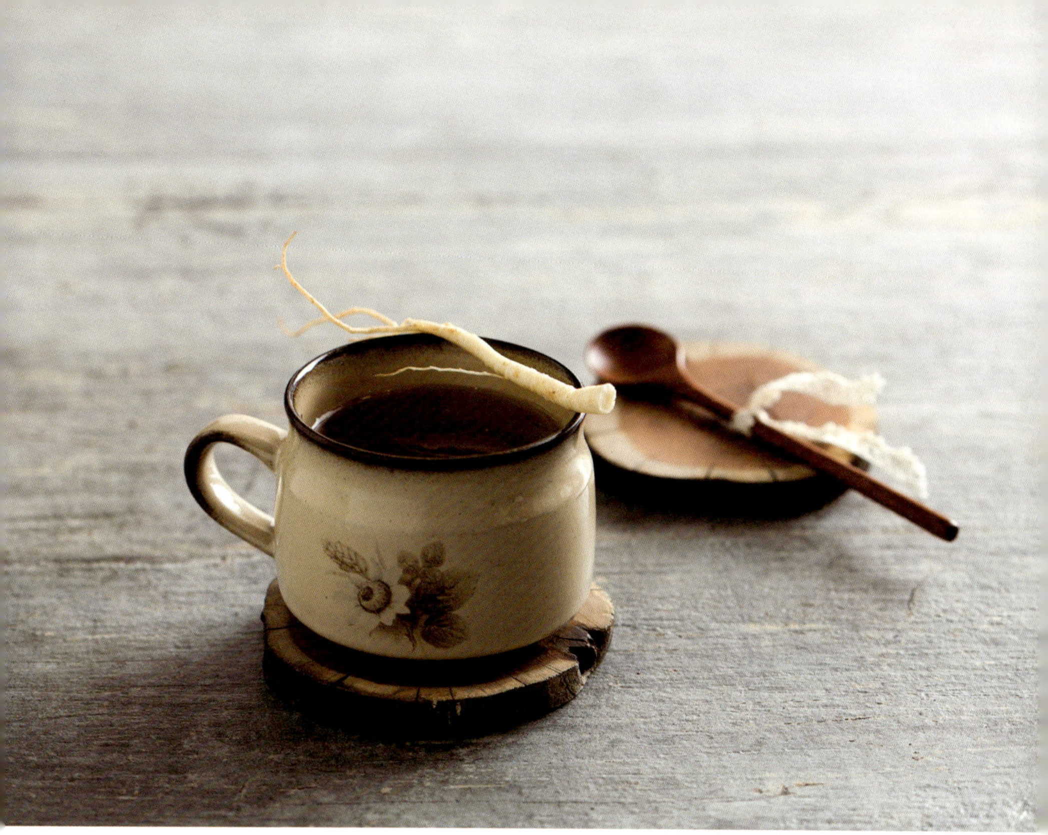

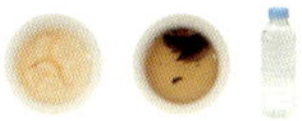

48 인삼계피차

인삼코디얼을 병입할 때 인삼을 넣어두면 핫티로 즐길 때 그 향이 은은하게 돌아 좋답니다. 이때는 말린 인삼을 넣어야 코디얼의 수분을 뺏기지 않지요. 코디얼로 만든 인삼차에 시나몬시럽을 넣어 맛을 풍부하게 만들었어요.

인삼코디얼 3큰술, 시나몬시럽 1큰술, 뜨거운 물 1컵(200ml), 잔 데울 물

1. 물을 끓여 잔의 1/2까지 붓고 30초간 잔을 예열한다.
2. 예열한 잔에 인삼코디얼과 시나몬시럽을 넣는다.
3. 뜨거운 물 1컵을 부어 잘 섞어 마무리한다.

COOKING TIP 홍삼 진액 활용법

인삼코디얼이 떨어졌을 때 홍삼 진액을 1작은술로 대체해도 좋습니다. 코디얼보다 강한 진액의 인삼향이 자극적으로 느껴진다면 물 대신 우유를 넣어 만들어보세요. 우유가 인삼의 강한 향을 낮춰줍니다.

향신료로 만든 개성만점 조미료 **PART 3**

시럽으로 만든 음료

수제 시럽은 여러모로 쓰임새가 많은 조미료입니다. 커피, 차, 바닐라, 초콜릿 등의 재료를 농축시켜 향미가 강하고 당도도 높아 조금만 넣어도 효과가 크지요. 음료의 메인은 될 수 없지만 심심한 맛에 개성을 살려주는 핵심 부재료랍니다. 수제청과 코디얼처럼 일정한 숙성기간을 거쳐야 시럽의 맛도 더 깊어져요. 음료 레시피에 자주 사용되는 6가지 시럽을 소개합니다.

◎ **주재료 수분이 없는 차, 커피, 초콜릿…**

바닐라, 시나몬, 카라멜, 초코, 얼그레이, 에스프레소 등 흔히 제과제빵에 사용되는 향신료 대부분이 시럽화가 가능하다. 수분이 없는 향신료를 물과 설탕을 넣고 끓여 향미를 극대화시켜 다양하게 활용한다.

◎ **만들기 핵심 타지 않도록 불 조절**

절대 태우면 안 된다. 완성된 시럽에서 무언가 탄 향이 느껴진다면 그 시럽은 사용하기 어렵다. 특히 우유나 생크림이 들어가는 시럽의 경우 불 조절에 따라 그 맛이 좌우되므로 주의깊게 지켜보면서 만든다. 오래 가열하면 향미가 다 날아갈 수 있으니 주의할 것.

◎ **주의사항 3일간 숙성은 필수**

수제청과 코디얼처럼 시럽 역시 완성된 상태에서 3일간의 숙성과정이 필수다. 그 시간 동안 시럽의 농도와 풍미가 완성되어 맛이 좋아진다. 완성된 시럽을 식힌 뒤 병입해 3일간 냉장보관해 사용한다.

◎ **보관법 우유 성분은 냉장 1개월, 나머지는 3개월**

시럽은 깊고 주둥이가 얇은 타입의 병에 보관한다. 이때 병뚜껑에 수분이 맺히면 맛이 떨어질 수 있으니 반드시 식혀 병입한다. 우유나 크림이 들어간 시럽은 냉장보관해 1개월, 얼그레이나 커피, 바닐라 성분의 시럽은 냉장보관 3개월이 가능하다.

바닐라시럽

카페에서 자주 사용되는 시럽으로 여러 음료에 다양하게 사용됩니다. 가정에서 만드는 수제 바닐라시럽은 인공 시럽에 비해 바닐라 향이 강하지 않지요. 그 향에 익숙해지면 인공적인 향이 너무 강하게 느껴진답니다. 바닐라시럽을 만들 때 바닐라빈 껍질을 함께 병입해두면 껍질에서 우러나는 성분으로 맛이 더 좋아져요. 바닐라빈은 주로 마다가스카르산과 타히티산을 사용하는데 음료에는 부드러운 마다가스카르산이 잘 맞습니다.

 ▶  ▶  ▶

바닐라빈 2줄(5g), 설탕 2컵(360g), 물 3컵(600ml)

1. 바닐라빈을 반 갈라 빈을 긁어 준비한다.
2. 냄비에 물 3컵을 붓고 긁어놓은 바닐라빈과 껍질을 함께 넣어 끓인다.
3. 끓기 시작하면 설탕을 넣어 모두 녹을 때까지 10분간 중간 불로 끓인다.
4. 설탕이 다 녹으면 잘 저어준다.
5. 한김 식힌 후 소독한 병에 껍질까지 함께 병입한다. 냉장실에서 3일 숙성해 사용한다.

 시럽용 냄비는 양수보다 편수가 편리해

시럽은 눌러붙지 않게 계속 저어주어야 하므로 양쪽에 손잡이가 달린 양수냄비보다 한쪽에 긴 손잡이가 달린 편수냄비가 더 편리해요. 주둥이가 달린 편수냄비를 사용하면 완성된 시럽을 병입하기가 한결 수월합니다.

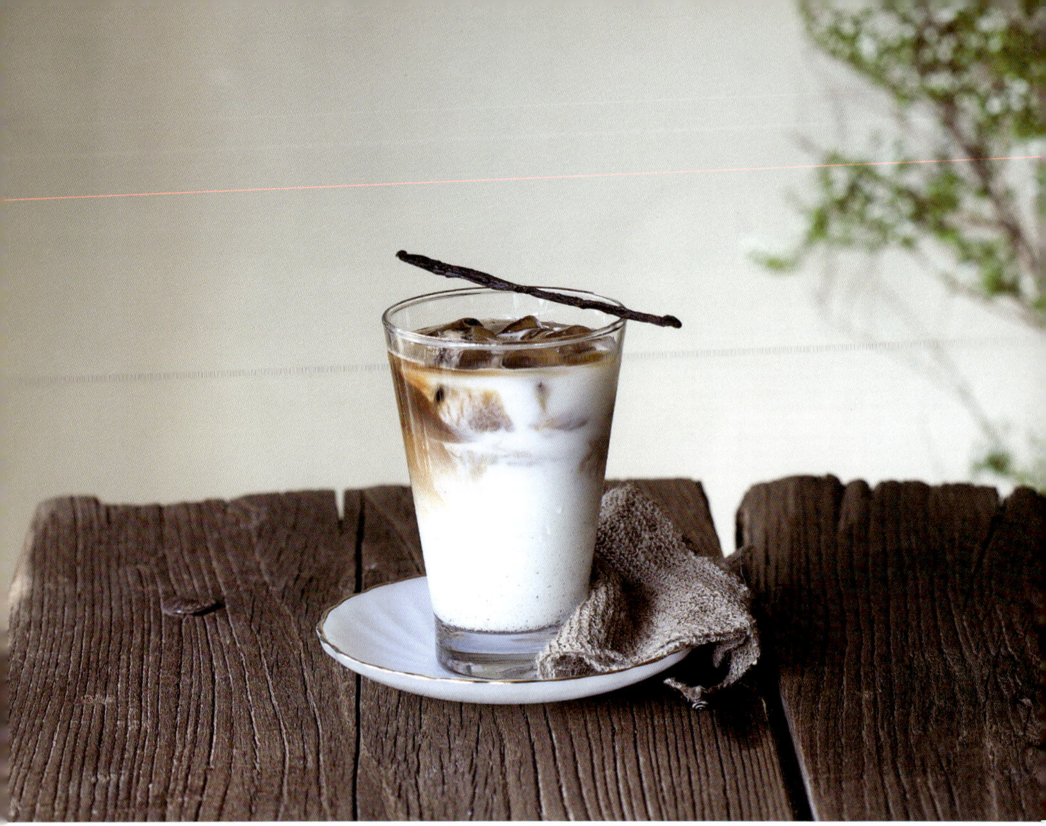

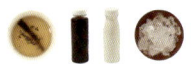

49 아이스바닐라라떼

바닐라라떼는 마니아층이 두터운 음료이지요. 수제 바닐라시럽을 사용해 인공적인 향이 아닌 그대로의 바닐라향이 담긴 라떼를 만들어보세요. 우유에 비친 바닐라빈이 라떼의 풍미를 높여줍니다.

바닐라시럽 3큰술, 더치커피 또는 콜드브루커피 1/3컵 (70ml), 우유 1컵(200ml), 얼음 1컵

1. 우유에 바닐라시럽을 넣고 섞는다.
2. 잔에 얼음을 담고 바닐라시럽을 섞은 우유를 붓는다.
3. 준비한 커피 1/3컵을 붓는다.
4. 아래위로 잘 섞어 마무리한다.

COOKING TIP 커피와 우유 섞는 순서

따뜻한 바닐라라떼를 만들 때는 우유와 커피를 넣는 순서를 바꿔주세요. 잔에 커피부터 붓고 바닐라시럽과 섞은 우유를 데워 넣어야 우유가 끓으면서 생긴 풍성한 거품을 그대로 올릴 수 있어요.

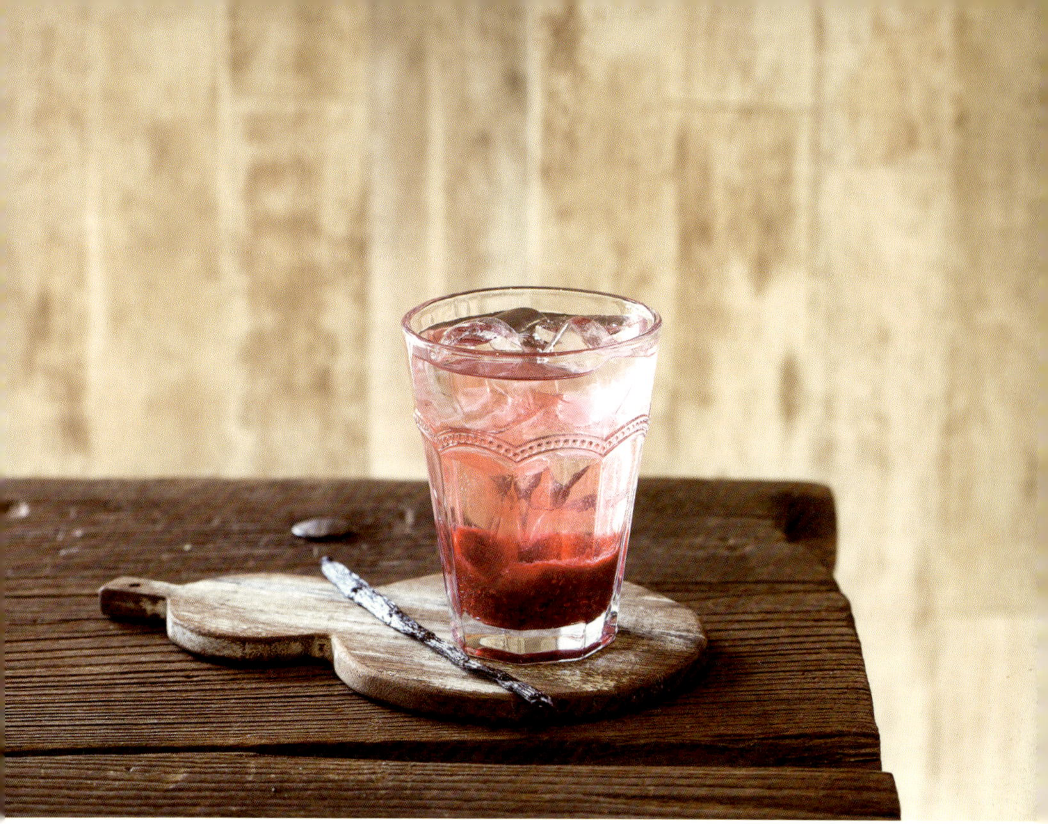

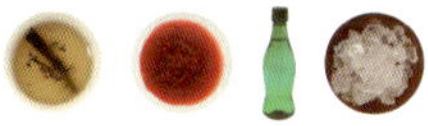

50 바닐라라즈베리에이드

바닐라빈은 잼을 만들 때도 즐겨 사용되지요. 음료에도 바닐라빈을 넣으면 마치 우유를 넣은 듯한 밀키한 느낌을 낼 수 있답니다. 라즈베리청을 넣어 상큼함이 더해요.

바닐라시럽 1큰술, 라즈베리청 3큰술, 탄산수 1컵(200ml), 얼음 1컵

1. 잔에 바닐라시럽과 라즈베리청을 넣는다.
2. 시럽과 청을 살짝 섞은 뒤 얼음을 가득 넣는다.
3. 마지막으로 탄산수를 붓는다. 탄산수는 마시기 직전에 넣어야 톡 쏘는 탄산을 그대로 즐길 수 있다.
4. 아래위로 잘 섞어 음용한다.

COOKING TIP **다양한 베리에이드**

딸기로 만든 청이나 코디얼로 베리에이드를 만들어도 좋아요. 베리류는 색에 따라 붉은색과 검붉은색 2가지로 나뉘는데, 붉은색은 산도가 높고 향이 좋은 반면 검붉은색은 산도가 낮고 당도가 높답니다.

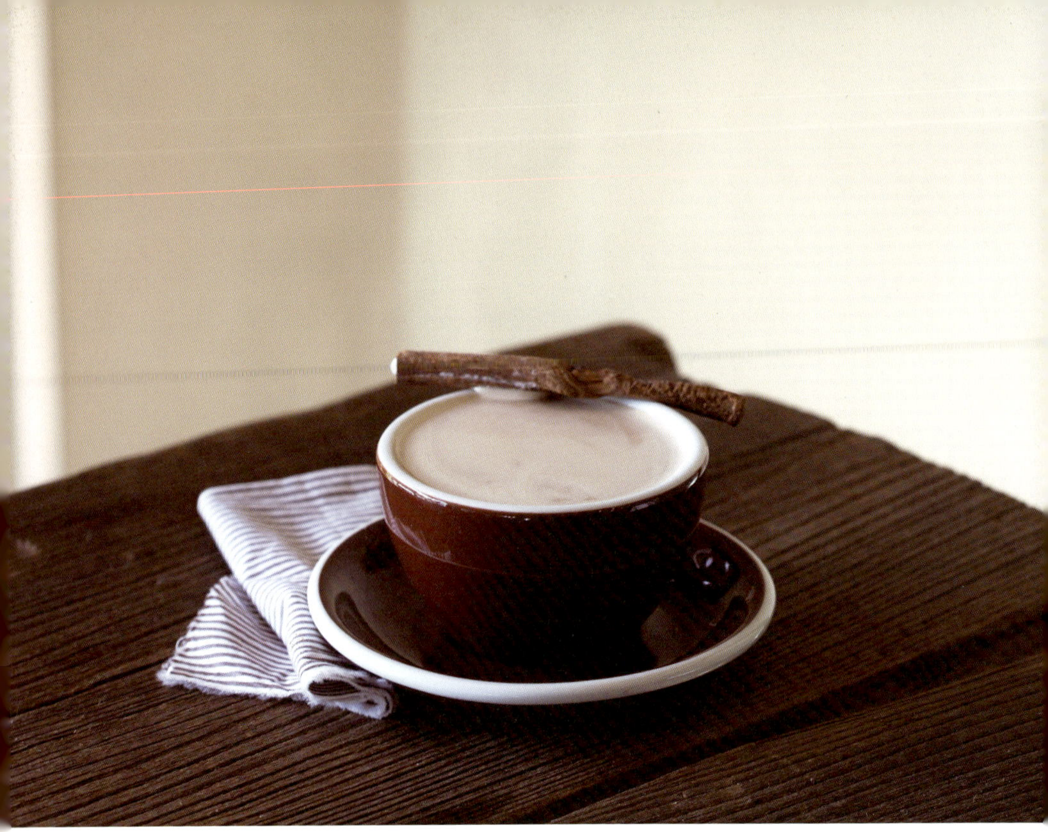

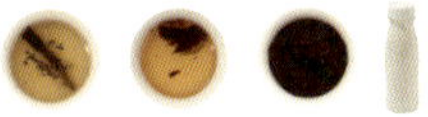

51 바닐라시나몬밀크티

일반적인 홍차로 만든 밀크티가 식상하다면 바닐라시럽과 시나몬시럽을 믹스한 밀크티를 만들어보세요. 부드럽지만 스파이시한 향이 풍겨 자칫 느끼할 수 있는 밀크티의 밸런스를 잡아줍니다.

바닐라시럽 2큰술,
시나몬시럽 1작은술,
홍차 2큰술,
우유 1과1/2컵
(300ml),
잔 데울 물

1. 냄비에 우유를 부어 테두리에 1cm 링을 만들며 끓어오를 때까지 중간 불로 데운다.
2. 데운 우유에 홍차 2큰술을 넣어 3분간 우린 뒤 거름망에 거른다.
3. 물을 끓여 잔의 1/2까지 붓고 30초간 잔을 예열한다.
4. 예열한 잔에 우유에 우린 홍차를 붓는다.
5. 바닐라시럽과 시나몬시럽을 넣고 섞어 완성한다.

COOKING TIP **인도식 홍차 마살라차이**

스파이시한 향을 좋아한다면 인도식 홍차인 마살라차이를 넣어보세요. 시나몬, 정향, 바질, 펜넬, 아나스씨드, 큐민 등 다양한 향신료가 들어 있는 홍차로 바닐라향과 궁합이 좋답니다.

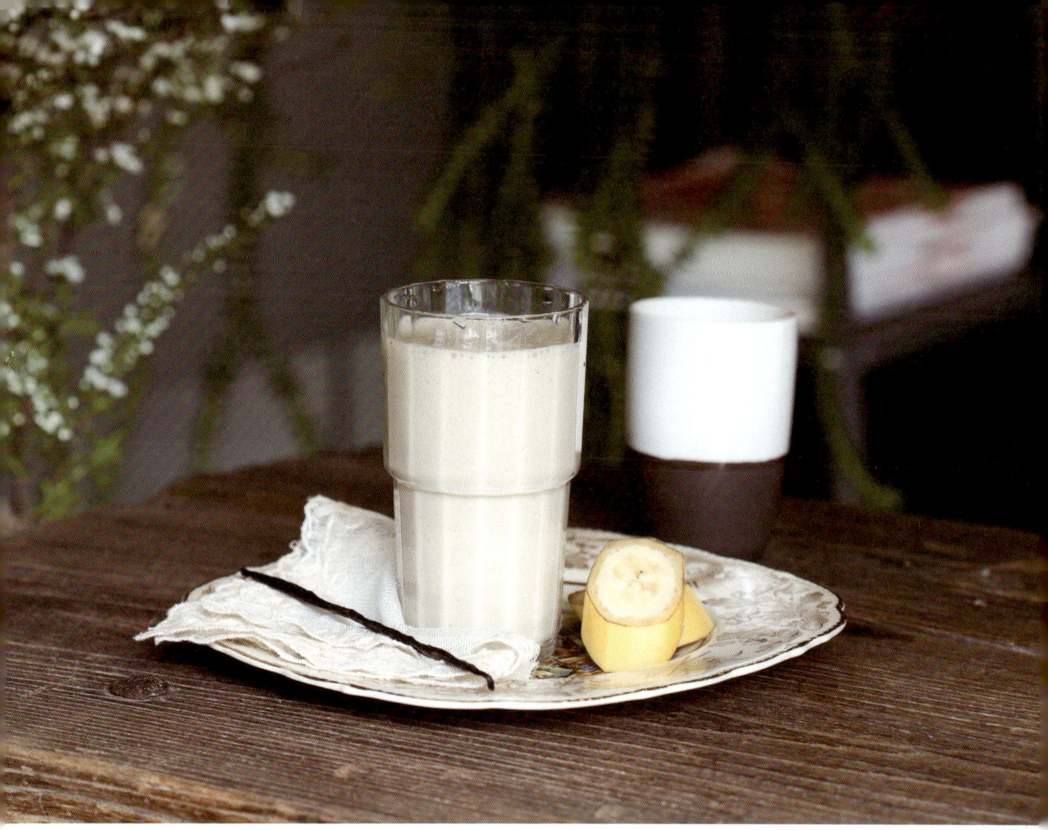

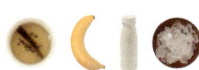

52 바닐라바나나

아침에 식사대용으로 바나나를 애용하는 분들이 많지요. 바닐라시럽 2큰술이면 색다른 바나나 음료를 맛볼 수 있습니다. 우유 대신에 물을 넣는다면 시럽만 1큰술 추가해주세요.

바닐라시럽 2큰술, 바나나 중간크기 1개, 우유 1과1/2컵(300ml), 얼음 1컵

1. 잘 익은 바나나를 준비한다.
2. 믹서 볼에 바나나와 우유, 얼음을 넣고 간다.
3. ❷에 바닐라시럽 2큰술을 넣고 빠르게 한 번 더 갈아준다.
4. 큰 사이즈의 잔에 부어 마무리한다.

COOKING TIP **바나나+딸기**
바나나+망고

바나나는 여러 과일과 매칭하기 좋은 베이스 과일입니다. 바나나의 맛이 단조롭다면 동일 레시피에 중간크기의 딸기 3~4개를 넣으세요. 맛있는 딸기바나나가 완성됩니다. 동일한 양의 망고를 넣어도 바나나와 잘 어울려요.

카라멜시럽

어린 시절 뽑기가 떠오르는 시럽이지요. 설탕을 카라멜화시켜 향을 내고
물이나 생크림을 더해 액체화합니다. 이때 생크림은 반드시 데워 넣어야
해요. 차가운 상태에서 넣으면 시럽과 분리되지요. 생크림은 넣자마자 후르륵
부풀어 오르니 반드시 내용물의 5배 크기의 냄비를 사용하세요.
유지방이 함유된 시럽을 만들 때는 약간의 소금을 넣어야
그 맛이 더 깊어져요.

황설탕 1컵(180g), 생크림 1컵(200ml), 소금 1/4작은술, 물 1/4컵(50ml)

1. 냄비에 황설탕 1컵과 소금을 넣는다.
2. ❶에 물을 붓고 센 불로 끓인다.
3. 끓어오르면 중간 불에서 냄비의 가장자리가 카라멜색으로 변할 때까지 끓인다.
4. 생크림을 중탕이나 전자레인지를 이용해 미지근하게 데운다.
5. 시럽이 카라멜색으로 변하면 ❹의 데운 생크림을 2~3번 나눠 저어가며 넣고 3~5분 정도 약한 불로 끓인다.
6. 시럽과 생크림이 전체적으로 끓어오르면 잘 섞어 한김 식힌 후 소독한 병에 병입한다.

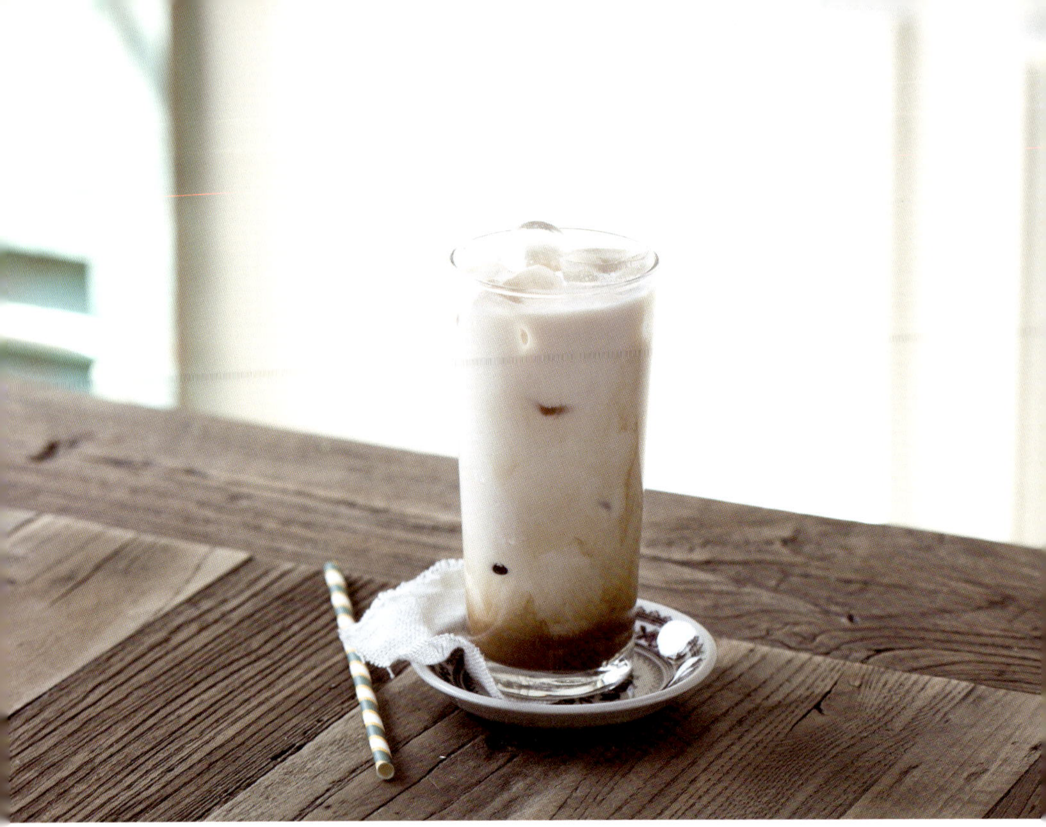

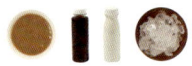

53 카라멜마끼아또

달콤한 커피를 좋아하는 분들이 즐겨 찾는 음료예요. 커피에 카라멜시럽을 넣으면 커피가 가진 본연의 맛을 한층 올려주지요. 칼로리가 굉장히 높은 편이니 시럽의 양을 조절해주세요.

카라멜시럽 3큰술,
더치커피 또는 콜드브루커피 1/3컵(70ml),
우유 1컵(200ml),
얼음 1컵

1. 잔에 커피와 카라멜시럽을 넣어 섞는다.
2. 얼추 섞이면 얼음을 채운다.
3. 우유를 부어 마무리한다. 우유는 차게 보관했다가 넣어야 시원한 마끼아또를 즐길 수 있다.

COOKING TIP 우유는 천천히 붓기

커피와 우유가 내는 은은한 그라데이션은 카라멜마끼아또의 또 다른 매력이지요. 포인트는 마지막 단계인 우유 붓기에 있습니다. 우유는 농도가 짙어 시럽과 한 번에 섞일 수 있으므로 반드시 천천히 부어야 층이 생긴답니다.

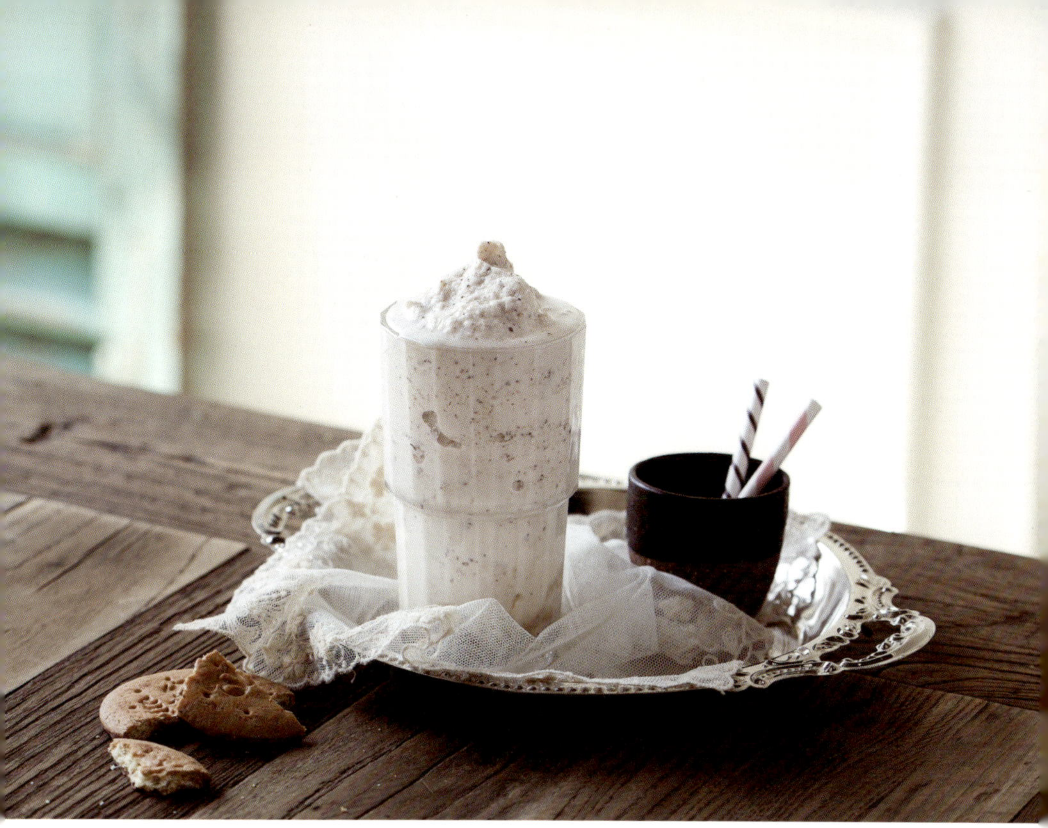

54 카라멜쿠키쉐이크

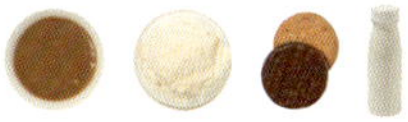

통밀로 만든 쿠키를 넣어 식사대용으로 즐길 수 있는 쉐이크예요. 아이스크림과 우유의 부드러움과 쿠키의 바삭함이 어우러진 맛이 색달라요. 시럽과 아이스크림, 우유를 먼저 갈고 마지막 단계에서 쿠키를 넣고 한 번 더 갈아주세요.

카라멜시럽 3큰술, 바닐라아이스크림 2스쿱, 초코 통밀쿠키 2개, 우유 1/2컵(100ml)

1. 통밀쿠키를 엄지손톱 크기로 자른다.
2. 믹서 볼에 카라멜시럽 2큰술과 아이스크림, 우유를 넣고 간다.
3. 쉐이크가 들어 있는 믹서 볼에 ❶의 쿠키를 넣고 한 번 더 간다.
4. 잔 바닥에 남은 카라멜시럽을 1큰술 넣고 쉐이크를 부어 완성한다.

COOKING TIP 잔에 시럽 묻히기

시럽으로 잔을 장식할 때는 시럽을 잔 바닥에 넣고 손목 스냅을 이용해 좌우로 돌리세요. 잔 높이의 1/3 지점까지 시럽이 묻힌 뒤 쉐이크를 부으면 시럽의 향과 맛이 은은하게 섞이고 비주얼도 훌륭해져요.

연유시럽

여름철 즐겨 사용하는 시럽입니다. 커피나 빙수 등에 넣으면 맛이 확 살아나지요. 우유를 차분하게 끓여가며 그 양이 1/3이 될 때까지 농축시켜야 하니 정성도 많이 들어가는 시럽입니다. 우유가 줄어들면서 냄비 가장자리에 띠가 생기는데 남김 없이 제거해야 깔끔한 시럽이 만들어져요. 백설탕 대신 알룰로스설탕을 사용하면 당도가 그리 높지 않은 연유를 완성할 수 있답니다. 베리류의 과일, 곡류 등과 잘 어울리는 시럽이에요.

우유 4컵(800ml), 설탕 1컵(180g)

1. 분량의 우유를 모두 부었을 때 1/3 정도 차는 냄비를 준비한다.
2. 우유 4컵과 설탕 1컵을 냄비에 넣고 가열한다.
3. 끓어오르면 약한 불로 20분 정도 저어가며 끓인다.
4. 불에서 내리고 체에 한 번 거른다.
5. 소독한 병에 병입한 뒤 냉장보관해 사용한다.

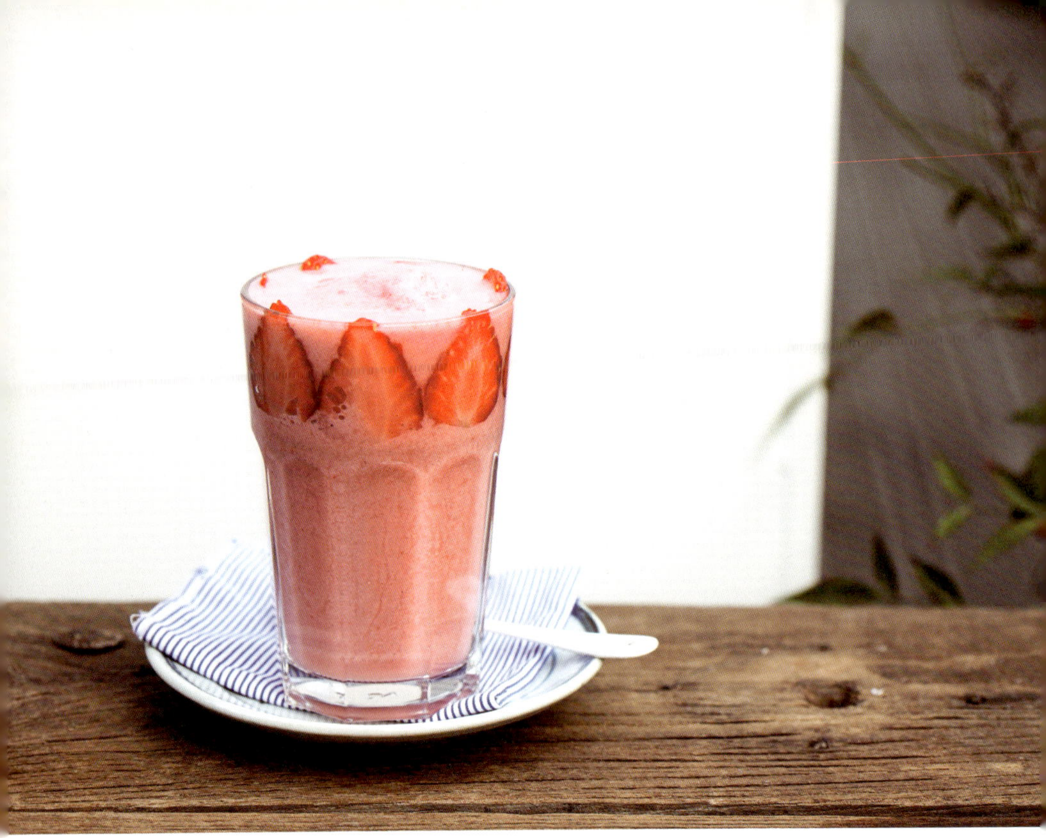

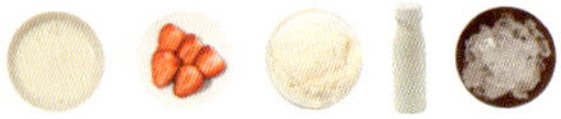

55 딸기연유프라프치노

상큼한 딸기를 장식으로 올려 사랑스러운 느낌의 프라프치노를 만들어보세요. 딸기와 딸기아이스크림을 함께 사용해도 좋아요. 딸기의 맛과 향을 진하게 내고 싶다면 딸기코디얼 2큰술을 추가하세요.

연유시럽 2큰술, 딸기 1컵, 바닐라 아이스크림 1스쿱, 우유 1컵(200ml), 얼음 1/2컵

1. 딸기는 꼭지를 떼고 그중 2개는 슬라이스해 장식용으로 남긴다.
2. 믹서 볼에 딸기와 아이스크림, 우유, 얼음을 넣고 간다.
3. 전체적으로 섞이면 연유시럽을 넣고 한 번 더 가볍게 간다.
4. 잔 상단 부분에 ❶의 딸기 슬라이스를 뾰족한 부분이 위로 향하게 빙 둘러 붙인다.
5. ❸의 프라프치노를 부어 완성한다.

COOKING TIP 냉동 딸기 이용 시 양 조절

생딸기 대신에 냉동 딸기를 이용할 때는 얼음은 생략해도 됩니다. 대신 얼음이 빠진 양만큼 딸기의 양을 늘려줍니다. 딸기를 1/2컵 증량해 넣어야 그 맛이 유지됩니다.

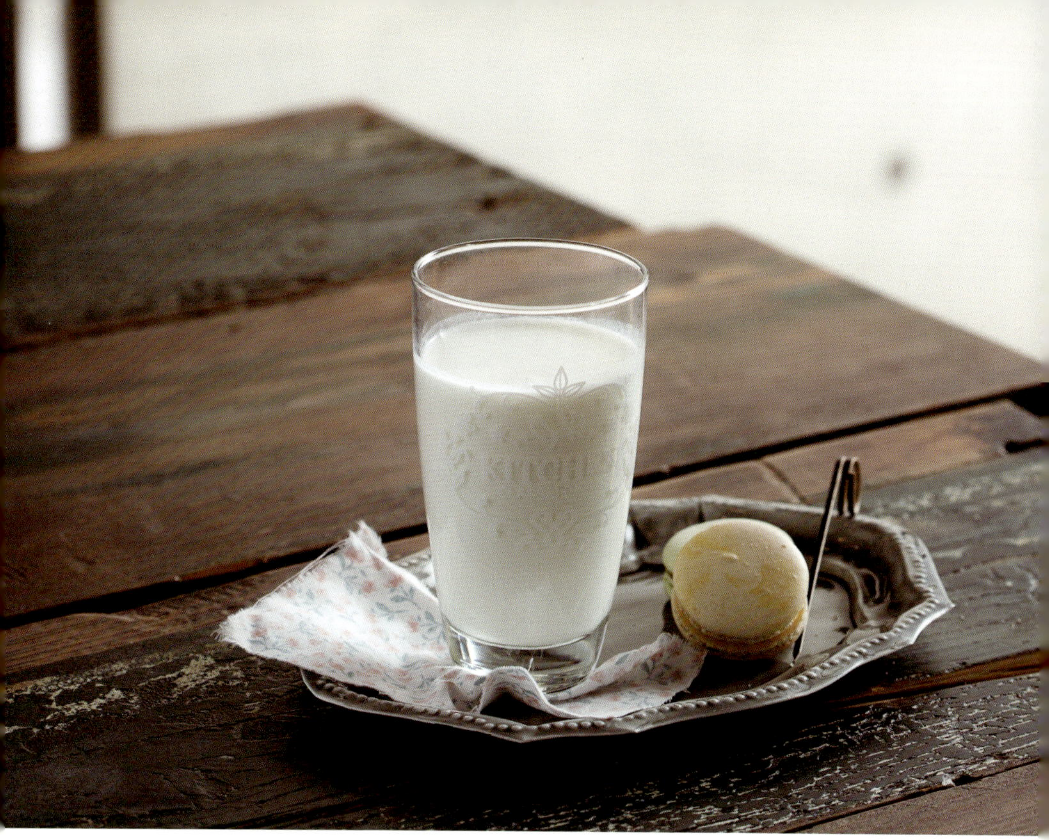

56 스위트스팀밀크

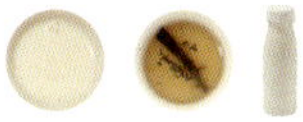

쌀쌀한 저녁, 연유와 바닐라시럽을 넣어 만든 스팀밀크 한 잔 권해요.
두 가지 시럽이 들어간 스팀밀크는 그냥 데운 우유의 맛과는 확연히 다르지요.
힘든 하루 일과를 끝낸 날에 더없이 좋은 위로가 되어줍니다.

연유시럽 2큰술,
바닐라시럽 1작은술,
우유 1컵(200ml),
잔 데울 물

1. 물을 끓여 잔의 1/2까지 붓고 30초간 잔을 예열한다.
2. 냄비에 우유와 연유시럽을 넣고 따끈하게 데운다. 전자레인지 이용 시 2분간 돌린다.
3. 예열한 잔에 바닐라시럽을 넣는다.
4. 데운 우유를 부어 완성한다.

 **우유
비린맛 없애기**

우유를 끓이면 신선한 우유의 맛이 사라지면서 비릿한 향이 나오지요. 이때 바닐라시럽을 넣어주면 그 향을 감출 수 있답니다. 시나몬시럽도 스팀밀크와 잘 어울려요.

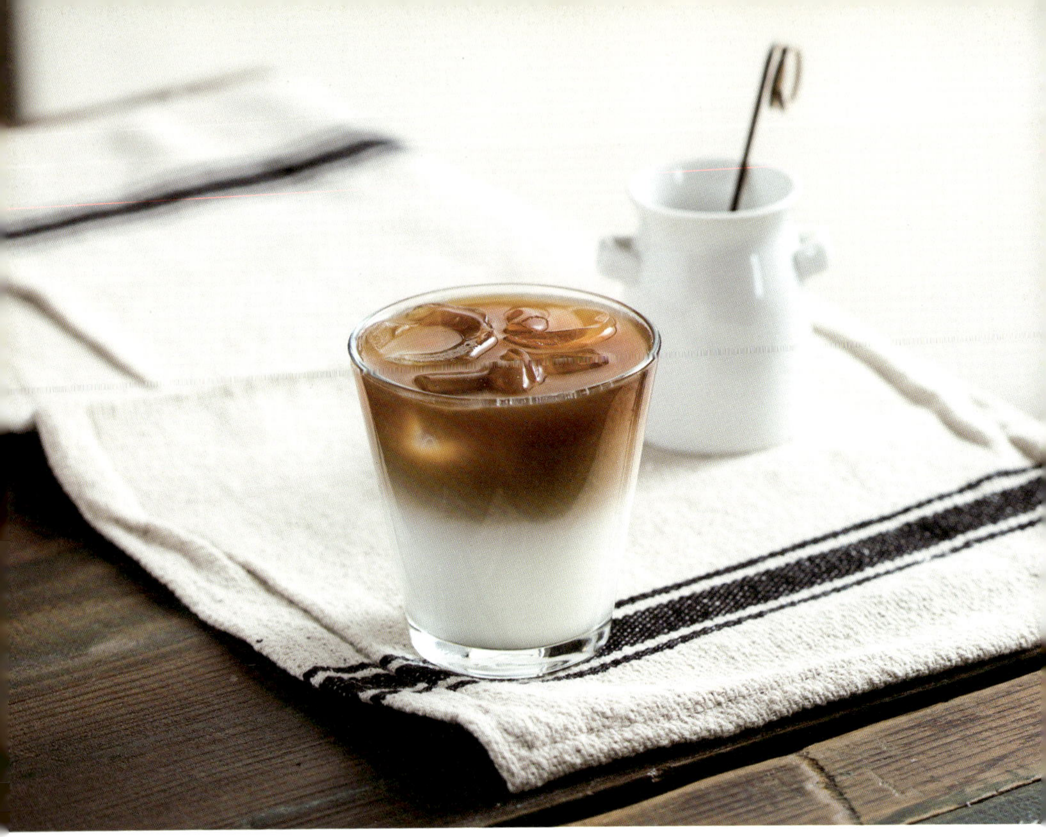

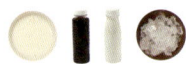

57 타이라떼

연유를 넣어 만드는 베트남식 커피로 더운 나라에서 차게 즐기는 음료입니다. 그 맛이 깊고 달콤해서 우리나라에서도 꽤 인기를 모으고 있지요. 타이라떼, 베트남라떼, 돌체라떼 등 카페마다 부르는 이름도 제각각이에요.

연유시럽 3큰술, 더치커피 또는 콜드브루커피 1/3컵(70ml), 우유 1컵(200ml), 얼음 1컵

1. 우유에 연유시럽을 섞는다.
2. 잔에 얼음을 가득 채운다.
3. 얼음 위로 연유시럽을 섞은 우유를 1/2 지점까지 부은 다음 커피를 붓는다.
4. 우유와 커피 사이에 뚜렷한 선을 연출한다.

COOKING TIP 라떼 선 만들기

타이라떼에는 우유와 연유를 섞어 넣는 게 포인트입니다. 두 가지를 섞으면 무거워져 잔 아래로 완벽히 가라앉지요. 이후 커피를 부으면 우유층과 커피층이 완벽히 나뉘어져요.

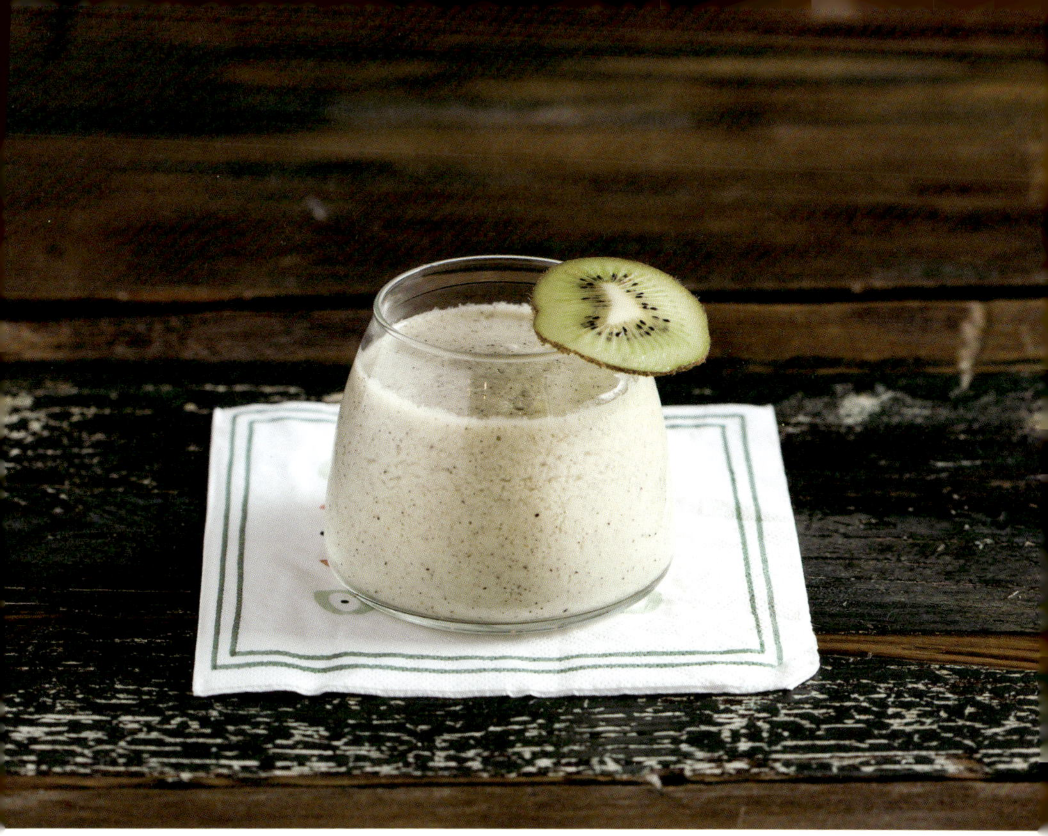

58 키위밀크프라프치노

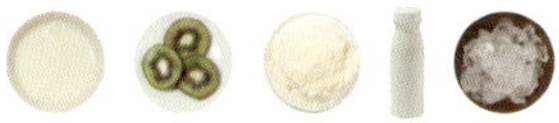

프라프치노를 상큼하게 즐기고 싶다면 과일과 아이스크림을 매칭해보세요. 키위의 상큼함이 아이스크림의 느끼한 맛을 덜어주지요. 연유시럽이 키위와 아이스크림의 낯선 조합을 자연스럽게 이어줍니다.

연유시럽 1큰술,
그린키위 중간크기 1개,
바닐라아이스크림
1스쿱, 우유
1컵(200ml),
얼음 1/2컵

1. 키위는 껍질을 벗겨 장식용으로 1조각만 슬라이스하고 나머지는 큐빅모양으로 썬다.
2. 믹서 볼에 아이스크림과 우유, 얼음을 넣고 간다.
3. ❷에 연유시럽과 큐빅모양으로 썬 키위를 넣고 한 번 더 간다.
4. 잔에 프라프치노를 붓고 키위 슬라이스로 장식한다.

 키위 순서는 마지막

키위로 프라프치노를 만들 때는 키위를 마지막에 넣고 갈아주세요. 완전히 갈지 않아야 키위 씨앗의 톡톡 씹히는 식감을 즐길 수 있답니다. 너무 오래 갈면 키위 씨의 식감이 마치 깨소금처럼 느껴질 수 있으니 주의하세요.

시나몬시럽

여름보다는 가을이나 겨울에 자주 찾게 되는 시럽이지요. 계피나 시나몬으로 만들 수 있는데, 껍질이 두꺼운 계피는 매운맛이 강하고 껍질이 얇은 시나몬은 단맛이 강하답니다. 나무 껍질에는 눈에 보이지 않는 먼지가 많으니 깨끗이 세척해 사용해주세요. 통째보다는 잘라 넣어야 물에 닿는 표면이 넓어져 맛과 향이 깊어집니다. 사과나 오렌지로 만든 음료에 잘 어울려요. 단단한 재료이니 반드시 숙성기간을 지켜주세요.

계피 50g, 시나몬파우더 1/2큰술(5g), 설탕 2컵(360g), 물 3컵(600ml)

1. 설탕 2컵에 시나몬파우더를 잘 섞는다.
2. 냄비에 계피 50g과 물 3컵을 넣어 끓인다.
3. 끓는 시점부터 10분간 중간 불로 끓인다.
4. 10분 후 ❶의 시나몬파우더설탕을 넣고 녹을 때까지 끓인다.
5. 불을 끄고 한김 식힌 후 병입한다. 이때 끓인 계피도 함께 넣는다.
6. 냉장실에서 3일간 숙성 후 사용한다.

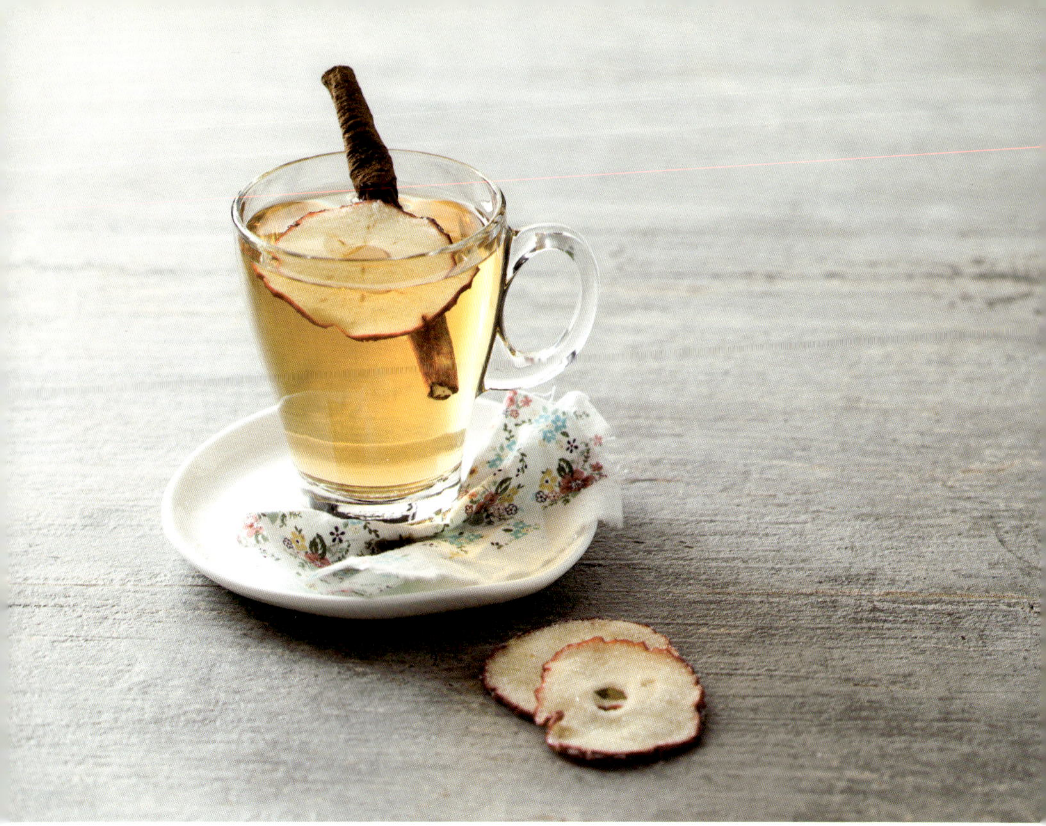

59 애플시나몬티

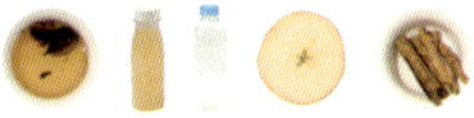

겨울철 유럽사람들이 커다란 슬로우 쿠커에 사과와 시나몬을 넣고 푹 끓여 보양식처럼 즐겨 마시던 음료입니다. 오늘은 사과주스를 이용해 간단하게 만들었어요. 사과주스만 넣으면 수분이 날아가 단맛만 남기 쉬우니 사과주스 1/2 분량의 물을 넣어주세요.

시나몬시럽 2큰술,
사과주스 1컵(200ml),
물 1/2컵(100ml),
사과 슬라이스 1조각,
시나몬 조각 약간

1. 냄비에 사과주스와 물을 부어 끓인다. 물을 넣고 끓여야 당도가 맞는다.
2. 끓어오르면 사과 슬라이스와 시나몬 조각을 넣어 한 번 더 끓인다.
3. 부르르 끓어오르면 불을 끄고 시나몬시럽을 넣는다.
4. 잔에 붓고 함께 끓인 사과 슬라이스와 시나몬 조각도 넣는다.

 사과주스 함량 체크

음료 베이스용 사과주스는 사과 함량이 50% 이하를 선택해야 음료를 만들었을 때 맛이 좋답니다. 사과의 함량이 높은 주스를 넣으면 가열하면서 입 안에서 떫은맛이 나오기 쉬워요.

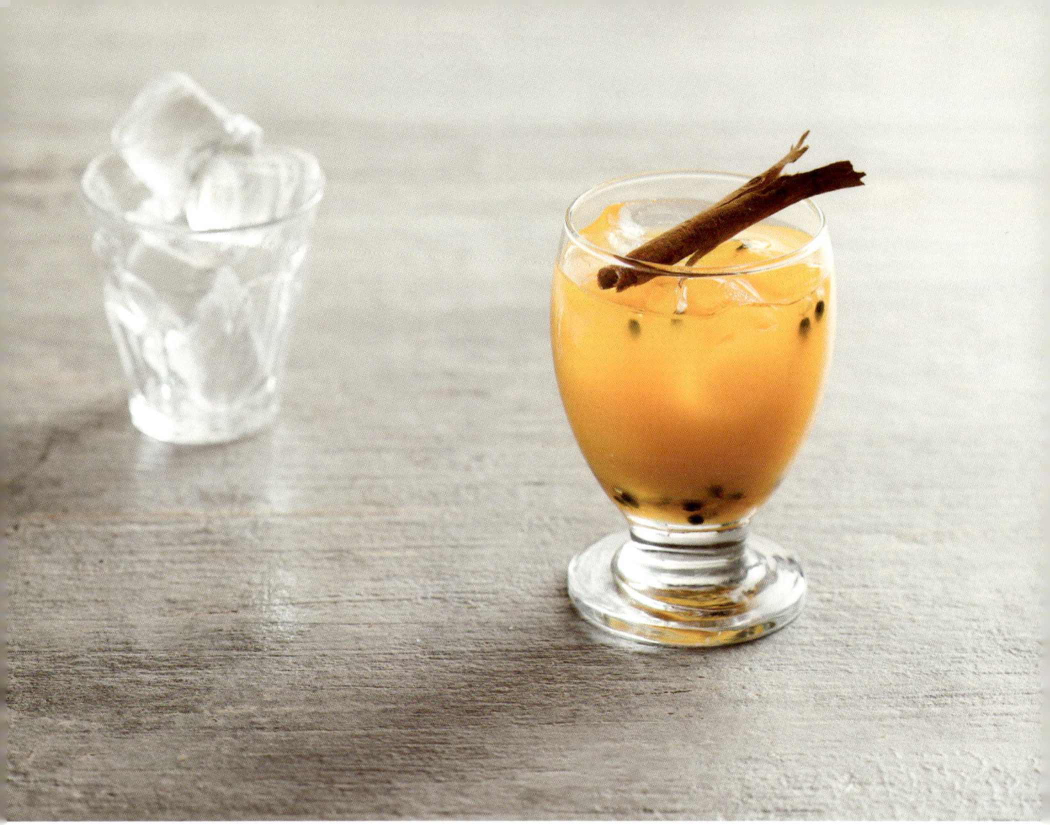

60 오렌지스파이스아이스

대부분 따뜻하게 즐기는 스파이시 음료예요. 패션프루트청과 얼음을 곁들이면 청량감 있는 오렌지스파이스아이스가 완성되지요. 패션프루트청 1큰술이 시나몬시럽과 만나 오렌지주스를 더욱 특별하게 바꿔줍니다.

시나몬시럽 · 패션프루트청 1큰술씩, 오렌지주스 1컵(200ml), 얼음 1컵, 시나몬 조각 약간

1. 잔에 시나몬시럽과 패션프루트청을 넣고 살짝 어우러지도록 섞는다.
2. 얼음을 가득 채워 내용물의 온도를 낮춘다.
3. 오렌지주스를 붓는다.
4. 시나몬 조각을 곁들여 세팅한다.

COOKING TIP 패션프루트 음료 궁합

오렌지스파이스를 핫티로 즐기고 싶을 때는 패션프루트청을 빼고 만드세요. 패션프루트는 뜨겁게 먹으면 향미가 날아가 과일 자체의 매력이 사라진답니다. 100가지 향이 있다는 건 한편으로는 강렬한 향이 없다는 얘기이기도 하니까요.

얼그레이시럽

최근 홍차에 대한 관심도가 높아지고 있지요. 가향 홍차 중에 가장 유명한 얼그레이 홍차로 시럽을 만들었어요. 티백 홍차로 만들면 더 진한 맛을 낼 수 있지만 잎차의 깊이는 따라가기 어렵지요. 찻잎이나 허브로 시럽을 만들 때는 끓이지 말고 불을 끄고 우려서 차향을 시럽에 입혀주세요. 찻잎을 끓이면 아로마가 공기 중에 날아가고 찻잎에 있는 쓴맛이 추출되어 맛이 떨어져요. 백설탕과 흑설탕을 동량으로 넣으면 색이 진해지고 시럽 맛이 좋아집니다.

얼그레이 홍차 3큰술(15g), 백설탕·흑설탕 1컵(180g)씩, 물 3컵(600ml)

1. 냄비에 물 3컵을 붓고 끓인다.
2. 끓어오르면 얼그레이 홍차 1큰술을 넣고 5분간 중간 불로 끓인다.
3. ❷를 체에 걸러 우려진 얼그레이티를 다시 냄비에 올린다.
4. ❸에 백설탕과 흑설탕을 넣고 설탕이 녹을 때까지 중간 불로 끓인다.
5. 설탕이 다 녹으면 불을 끄고 곧장 얼그레이 홍차 2큰술을 넣고 2시간 정도 우린다.
6. 체에 걸러 소독한 병에 병입해 냉장실에서 1일 숙성 후 사용한다.

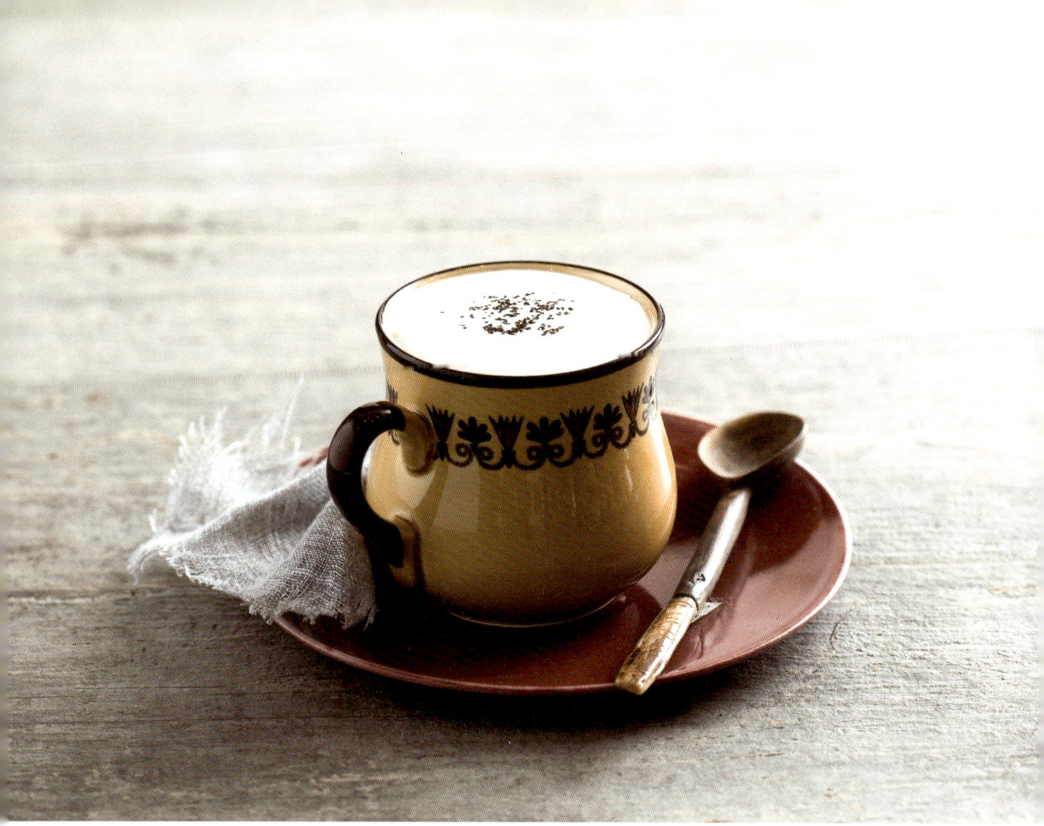

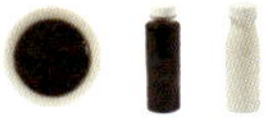

61 얼그레이라떼

커피와 홍차는 다르듯 하면서도 묘하게 서로 어울리지요. 커피에 시럽을 즐겨 넣는다면 일반 설탕시럽 대신 향기로운 얼그레이시럽을 매칭해보세요. 산미가 강한 원두라면 시럽의 양을 조금 늘려주세요.

얼그레이시럽 3큰술,
더치커피 또는
콜드브루커피 1/3컵
(70ml), 우유
1컵(200ml),
잔 데울 물

1. 물을 끓여 잔의 1/2까지 붓고 30초간 잔을 예열한다.
2. 예열한 잔에 얼그레이시럽과 커피를 넣는다.
3. 냄비에 우유를 붓고 테두리에 1cm 링을 만들며 끓어오를 때까지 중간 불로 데운다.
4. 데운 우유를 ❷에 붓는다. 더 뜨거운 음료를 원한다면 우유를 데울 때 커피를 넣고 데워도 좋다.

 우유 거품 내는 요령

라떼에 우유의 풍성한 거품을 올리고 싶다면 우유를 데울 때 거품기로 빠르게 저으면서 가열하세요. 냄비의 테두리가 끓어오르기 시작하면 불을 끕니다. 부르르 끓어오르면 미세한 우유의 거품이 사라져요.

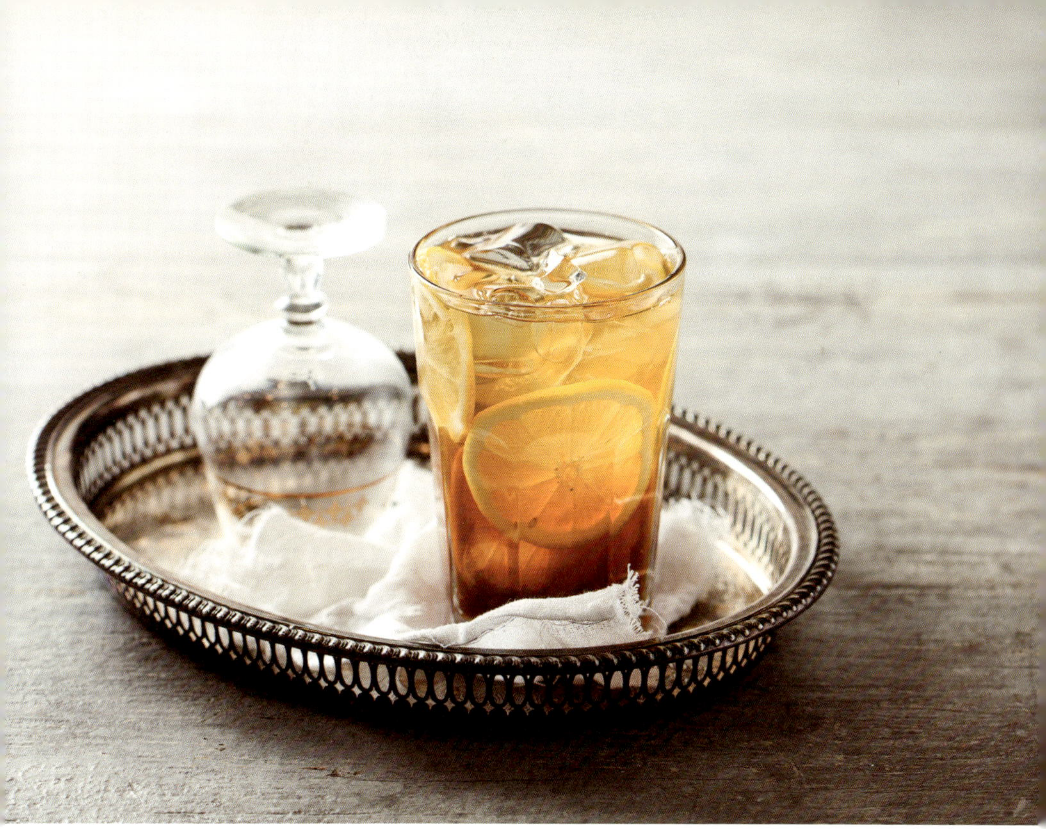

62 얼그레이아이스티

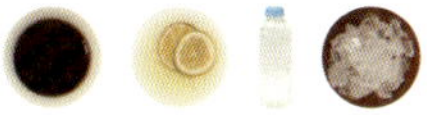

무더운 여름날 농축된 얼그레이시럽을 넣어 레몬아이스티를 만들어보세요. 맛은 달콤하고 상큼하면서 은은한 향이 돌아 남녀노소 모두가 좋아하는 음료가 완성됩니다. 새콤한 아이스티를 원한다면 레몬청 대신 레몬즙을 넣으세요.

얼그레이시럽 4큰술,
레몬청 2큰술,
물 1컵(200ml),
얼음 1컵

1. 긴 타입의 잔을 준비한다.
2. 레몬청 2큰술을 넣고 얼음을 채운다.
3. 물 1컵을 붓고 머들러로 레몬청이 섞이게끔 아래위로 섞는다.
4. 얼그레이시럽을 넣고 섞어 마무리한다.

COOKING TIP 홍차가 탁해지는 이유

아이스티를 만들 때 종종 홍차가 탁해지는데 이를 백탄현상 또는 크림다운 현상이라 합니다. 뜨거운 물에서 결합된 카페인과 카테킨 성분이 급격한 온도 저하로 일부 굳어져 나타나는 현상이지요. 맛에는 큰 차이가 없답니다.

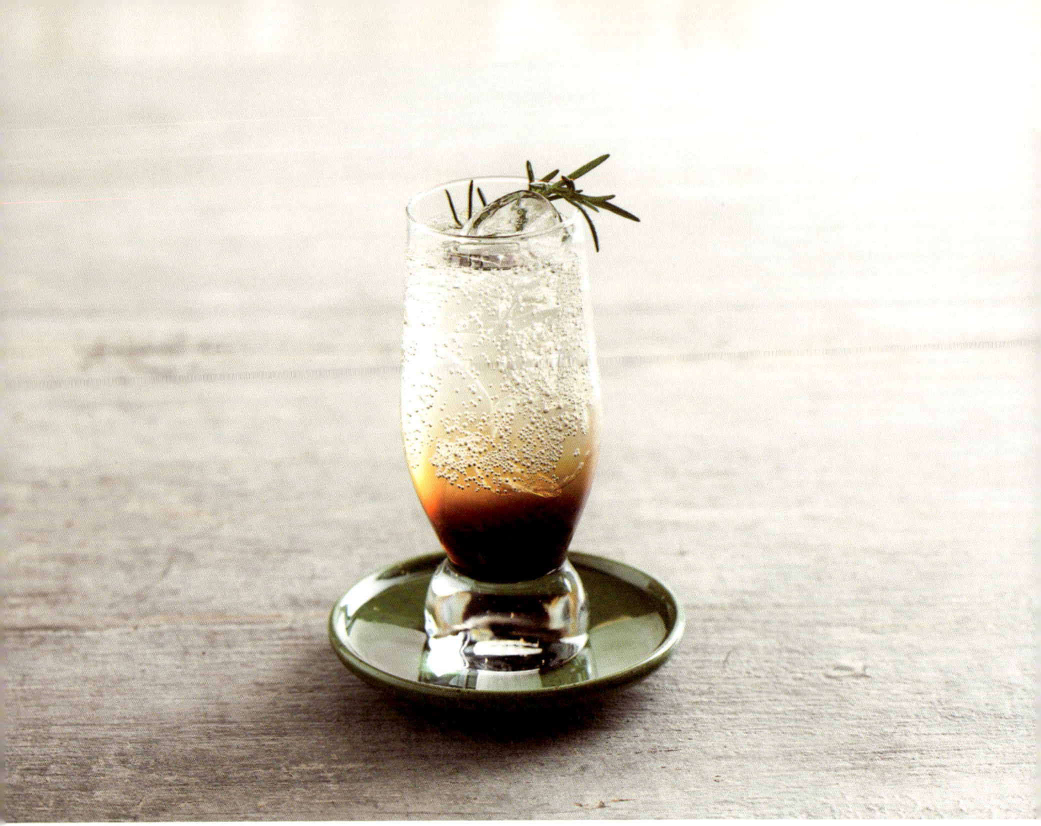

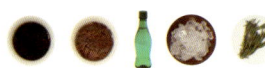

63 라벤더얼그레이소다

수제 시럽과 코디얼을 조합해 색다른 음료를 만들었어요. 라벤더코디얼을 넣은 얼그레이소다는 두통으로 고생하는 분들께 적극 추천하는 음료랍니다. 무거운 머리가 한층 가벼워지는 느낌이에요.

얼그레이시럽 3큰술, 라벤더코디얼 1큰술, 레몬향 탄산수 1컵(200ml), 얼음 1컵, 로즈마리 약간

1. 잔에 얼그레이시럽과 라벤더코디얼을 넣고 섞는다. 라벤더는 향이 강해 얼그레이시럽의 1/3 미만으로 넣는다.
2. 얼음을 가득 채운다.
3. 탄산수를 2번에 나누어 붓는다.
4. 로즈마리로 장식하여 마무리한다. 로즈마리가 없다면 타임도 잘 어울린다.

COOKING TIP 탄산수 종류 선택법

음료에 들어가는 탄산수는 무색무취의 플레인 타입을 권장해요. 하지만 라벤더얼그레이소다처럼 향기 강한 소다에는 레몬향 탄산수도 잘 어울리지요. 레몬의 상큼한 향이 소다를 더욱 돋보이게 해줍니다.

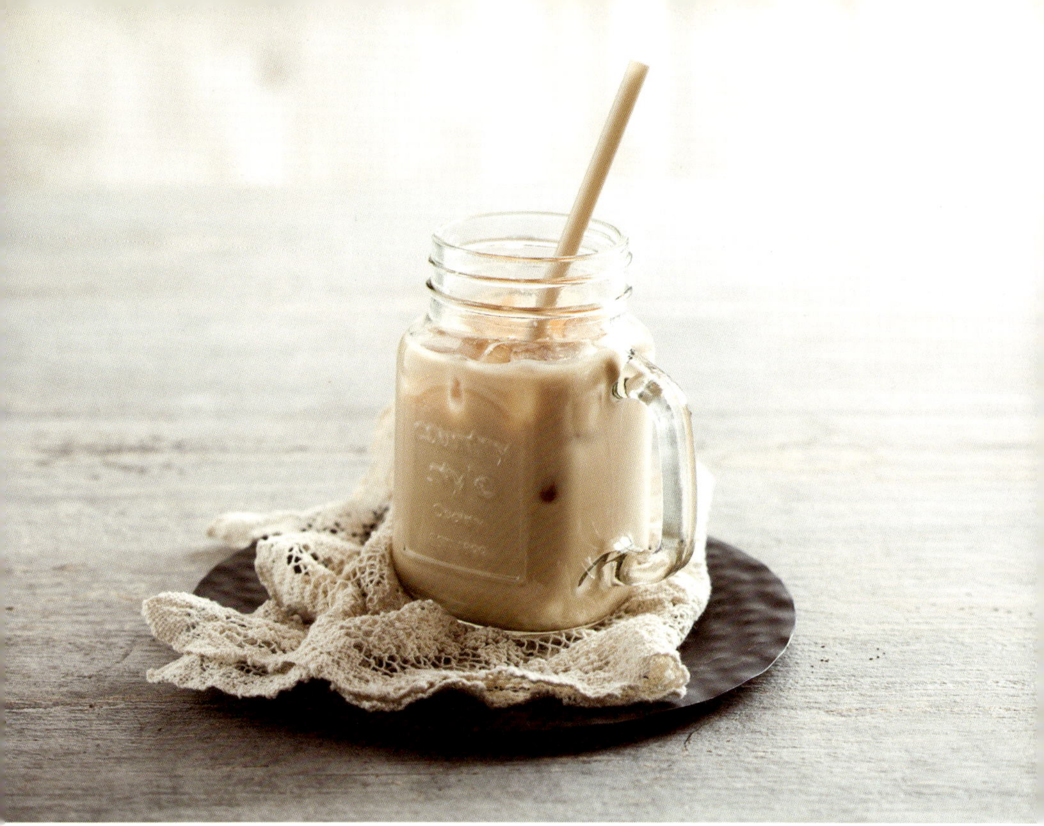

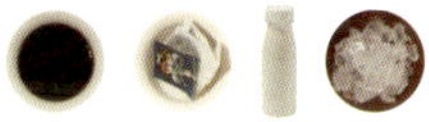

64 얼그레이베르가못밀크티

그레이 백작을 위한 홍차 얼그레이! 진한 홍차에 베르가못향이 감돌아 오랜 시간 사랑받아온 홍차예요. 얼그레이시럽으로 당도를 맞추어 그 맛이 더 진하지요. 요즘 유행하는 병에 든 밀크티를 손쉽게 만들 수 있어요.

얼그레이시럽 4큰술,
홍차 티백 2개,
우유 1컵(200ml),
얼음 1컵

1. 우유 1컵에 홍차 티백을 넣은 뒤 랩을 씌워 냉장실에서 12시간 냉침한다.
2. 잔에 얼음을 가득 채운다.
3. ❶의 냉침한 밀크티와 티백을 함께 잔에 따른다. 티백을 넣으면 다 마실 때까지 홍차 향이 우러져 나온다.
4. 얼그레이시럽을 넣고 섞어 마무리한다.

COOKING TIP **밀크티 냉장보관 3일**

냉침 밀크티의 유통기한은 우유의 유통기한과 같습니다. 그러나 시럽을 넣은 밀크티는 제조 후 3일 이내 음용하기를 권해요. 꼭 냉장보관해주세요. 진한 홍차를 원한다면 냉침 시 홍차 티백 1개를 추가하세요.

초코시럽

아이들이 좋아하는 시럽이지요. 물에 타서 마시기보다는 아이스크림, 우유 등에 곁들여야 더 맛나요. 초콜릿시럽은 초콜릿의 등급에 따라 맛도 달라지는데 다크초콜릿 70% 이상을 넣으면 쌉쌀하면서 달지 않은 시럽이, 밀크초콜릿을 넣으면 달콤하고 부드러운 시럽이 완성되지요. 완성한 시럽의 맛이 가볍게 느껴진다면 우유와 동량의 생크림을 함께 넣어주세요. 카카오파우더는 체에 쳐서 넣어야 뭉치지 않아요.

다크초콜릿 1/2컵(100g), 무가당 카카오파우더 1/2컵(80g), 설탕 1컵(180g), 우유 1과1/2컵(300ml)

1. 냄비에 우유를 붓고 끓어오르기 직전까지 가열한다.
2. ❶을 약한 불로 줄이고 다크초콜릿 1/2컵을 넣어 한 방향으로 저어가며 녹인다.
3. 불을 끈 상태에서 무가당 카카오파우더를 덩어리가 생기지 않게 섞는다.
4. 설탕도 함께 넣어 녹인다. 모든 재료가 다 녹으면 한 번 더 불에 올려 끓어오를 때까지 가열한다.
5. 불에서 내려 뚜껑을 반쯤 열어 식힌다. 완전히 식으면 카카오 버터층이 분리되지 않도록 핸드믹서나 휘핑기로 빠르고 짧게 섞는다.
6. 소독한 병에 넣어 냉장보관해 사용한다.

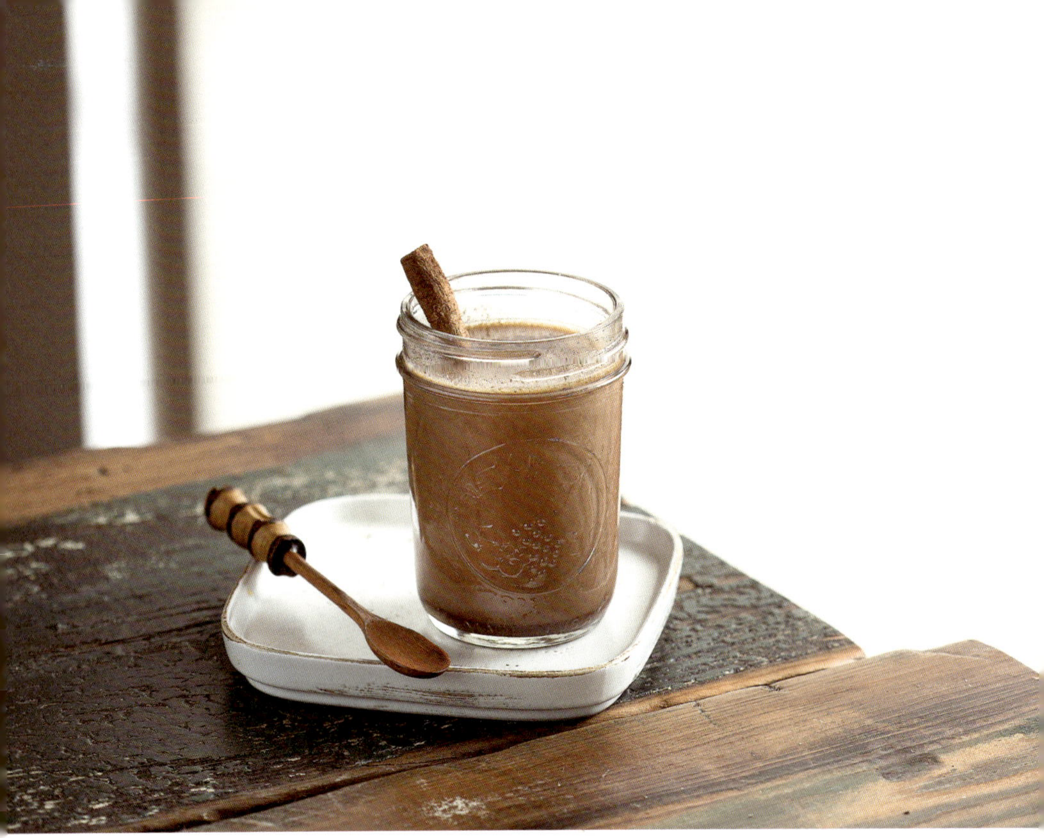

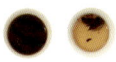

65 시나몬핫초코

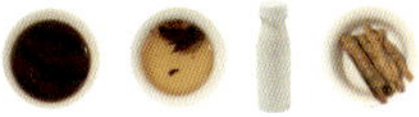

끓여서 만드는 초콜릿 음료로 끓이는 내내 사방에 번지는 초콜릿 향기로 기분이 좋아지는 음료입니다. 쌀쌀해지면 생각이 나지요. 시나몬과 함께 취향껏 좋아하는 향신료를 넣으세요.

초코시럽 3큰술,
시나몬시럽 1작은술,
우유 1컵(200ml),
시나몬 조각 1개,
잔 데울 물

1. 냄비에 우유와 초코시럽, 시나몬시럽, 시나몬 조각을 넣고 중간 불에서 가열한다.
2. 물을 끓여 잔의 1/2까지 붓고 30초간 잔을 예열한다.
3. ❶이 끓어오르면 불을 끈다. 타이밍을 놓치면 자칫 우유가 넘칠 수 있다.
4. 예열한 잔에 붓고 함께 끓인 시나몬 조각도 버리지 말고 넣어 마무리한다.

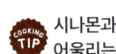

COOKING TIP 시나몬과 어울리는 향

시나몬핫초코에 향을 더하고 싶으면 정향이나 카다멈 씨앗 등의 향신료를 넣어주세요. 특히 카다멈은 상큼한 시트러스 향을 지녀 핫초코를 마시는 내내 기분이 좋아진답니다.

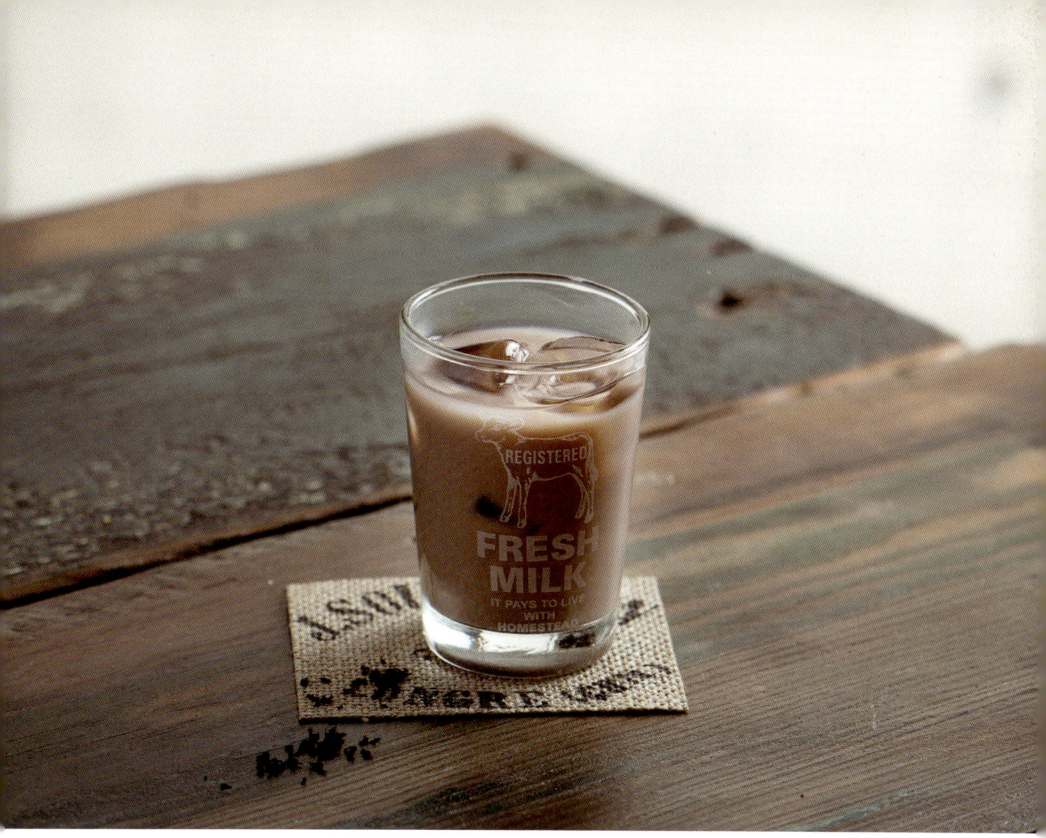

66 얼그레이아이스초코

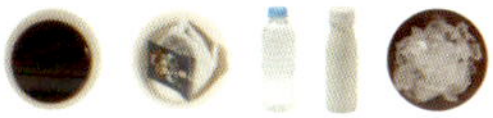

어른을 위한 초코 음료입니다. 기존의 초코 음료는 대부분 아이들에게 인기가 좋은데 얼그레이아이스초코는 어른들이 주로 찾지요. 최근 홍차와 초콜릿을 믹싱한 음료가 트렌드인데 그중에서도 얼그레이가 초콜릿과 궁합이 제일 좋아요.

초코시럽 4큰술, 얼그레이 홍차 티백 1개, 뜨거운 물 1/4컵(50ml), 우유 1컵(200ml), 얼음 1컵

1. 뜨거운 물 1/4컵에 얼그레이 홍차 티백을 넣고 3분간 우린다.
2. 티백을 제거하고 우려진 티에 초코시럽을 넣어 얼그레이초코시럽을 준비한다.
3. 잔에 얼음을 채우고 우유를 붓는다.
4. 준비된 얼그레이초코시럽을 부어 마무리한다.

COOKING TIP 티백 타입별 특징

홍차 티백을 선택할 때는 티백의 모양에 주의하세요. 패브릭 타입의 삼각형보다는 펄프 타입의 사각형 티백을 추천해요. 잘게 분쇄된 홍차 잎이 들어 있어 차를 우렸을 때 그 맛이 더 진하답니다.

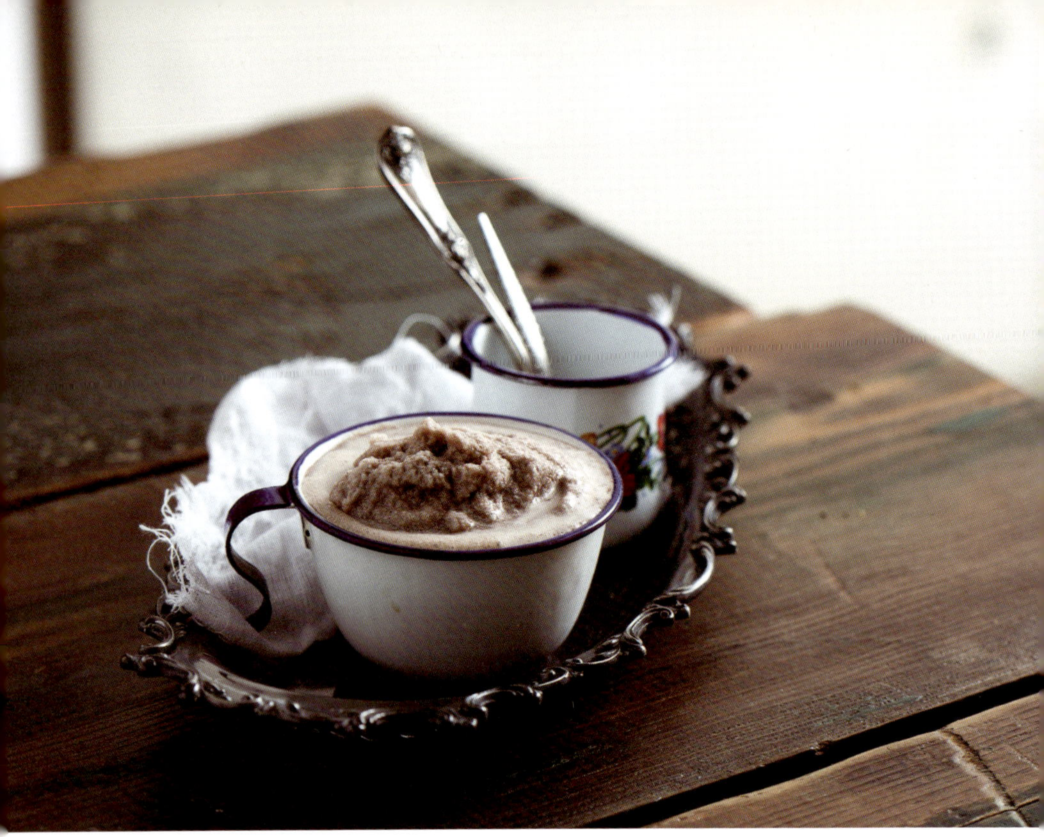

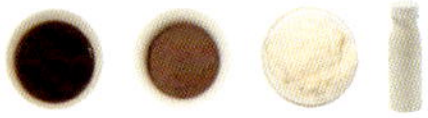

67 초코쉐이크

아이들이 좋아하는 여름 음료에요. 레시피에는 베이식한 바닐라아이스크림을 넣었지만 초코아이스크림으로 대체해도 맛있지요. 진한 초코의 맛과 향이 입안 가득해집니다.

초코시럽 4큰술, 카카오파우더 1/2큰술, 바닐라아이스크림 2스쿱, 저지방 우유 1/2컵(100ml),

1. 손잡이가 있는 잔을 준비한다.
2. 믹서 볼에 초코시럽과 카카오파우더, 아이스크림과 우유를 넣는다.
3. 가장 빠른 속도로 갈아서 모든 재료를 섞는다.
4. 가장 느린 속도로 갈아서 부드러운 쉐이크 질감을 완성한다.

COOKING TIP 우유 속 지방 함유량

우유는 지방 함유량에 따라 일반우유, 저지방우유, 무지방우유, 탈지우유로 나뉘지요. 일반우유는 3.25%, 저지방우유는 1%, 무지방우유는 0%, 탈지우유는 0.1~3% 지방을 함유하고 있습니다. 음료 열량별로 선택해 넣으세요.

68 아이스카페모카

초코시럽을 이용하여 만든 대표적인 커피 음료입니다. 휘핑크림을 얹어서 풍성하고 달콤하게 즐기지요. 카페모카에는 휘핑크림을 볼륨감 있게 넣어야 더 맛있어요. 시판용 휘핑크림을 사용하는 게 편리해요.

초코시럽 3큰술, 더치커피 또는 콜드브루커피 1/3컵(70ml), 우유 1컵(200ml), 시판용 휘핑크림

1. 커피 1/3컵과 초코시럽 3큰술이 어우러지게 섞는다.
2. 잔에 얼음을 가득 채운다.
3. ❶의 초코시럽을 섞은 커피를 넣고 우유를 붓는다.
4. 휘핑크림을 올린 뒤 취향에 따라 초콜릿을 올린다.

 COOKING TIP 커피와 초콜릿 매칭

초코시럽에 매칭하는 커피는 산미가 높은 원두를 선택하세요. 초콜릿과의 궁합이 아주 좋지요. 고급 초콜릿에 단맛과 신맛이 함께 존재하는 것과 같은 이치이지요. 원두 구입 시 배전도가 낮은 약배전 커피를 고르면 됩니다.

에스프레소시럽

음료 베이스로 사용하기 좋은 시럽입니다. 아이스크림이나 쉐이크 만들 때 넣으면 마치 방금 커피를 넣은 듯한 기분이 들지요. 가정에서도 핸드드립 방법을 이용해 손쉽게 만들 수 있는데 이때는 원두를 곱게 갈아야 진한 에스프레소의 맛이 잘 우러납니다. 완성되면 냉장실에서 하루 정도 숙성해 농도와 풍미를 높인 후에 사용하세요. 여름철 실온 숙성은 피하고, 겨울에는 베란다에서 숙성시켜도 좋아요.

원두 8큰술(80g), 설탕 2컵(360g), 물 2컵(400ml)

1. 블랜더에 원두를 곱게 간다.
2. 냄비에 물 2컵을 부어 끓인다.
3. 불을 끄고 곱게 간 원두를 넣어 3분간 우린다.
4. 가정용 원두커피 필터에 내려 진한 커피를 준비한다.
5. 다시 냄비에 걸러진 원두커피와 설탕을 넣고 가열하다 설탕이 녹으면 불을 끈다.
6. 한김 식혀 소독한 병에 옮겨 담는다. 냉장실에서 1일 숙성 후 사용한다.

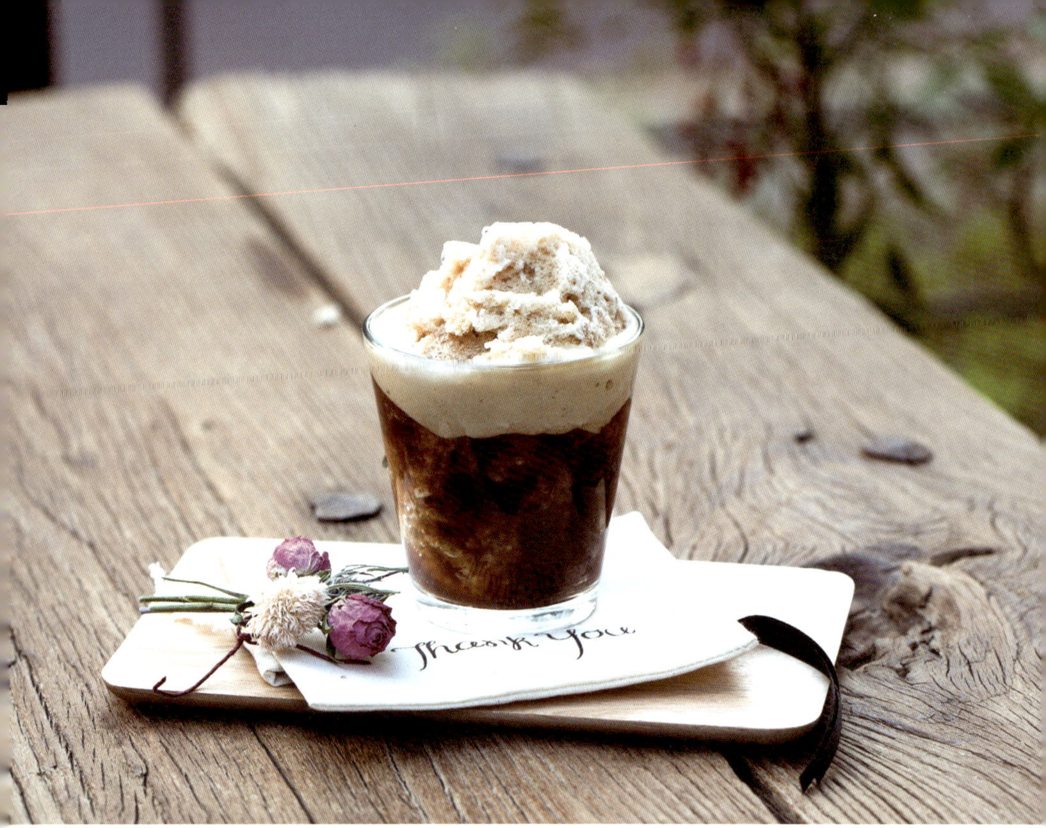

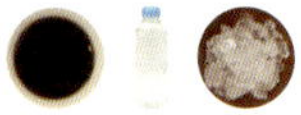

69 에스프레소블랜디드

우유와 크림을 빼고 에스프레소를 넣고 만든 프라프치노 같은 음료예요. 얼음을 갈아 넣어 아이스아메리카노보다 더 시원하게 즐길 수 있답니다. 가벼운 커피 음료를 찾는 분들께 추천해요.

에스프레소시럽 6큰술,
물 2/3컵(140ml),
얼음 1과 1/2컵

1. 믹서 볼에 에스프레소시럽과 물을 넣는다.
2. 얼음 1과 1/2컵을 넣고 함께 간다.
3. 내용물이 부드럽게 갈리면 스푼을 이용해 잔에 담는다. 잔 가득히 높게 올려낸다.

 가정용 믹서 사용법

집에서 얼음을 곱게 갈기란 생각만큼 쉽지 않지요. 이때는 얼음을 실온에 잠깐 두어 너무 딱딱하지 않은 상태로 믹서에 갈거나, 믹서 볼에 넣기 전에 방망이 등으로 1차 분쇄해 갈아주세요.

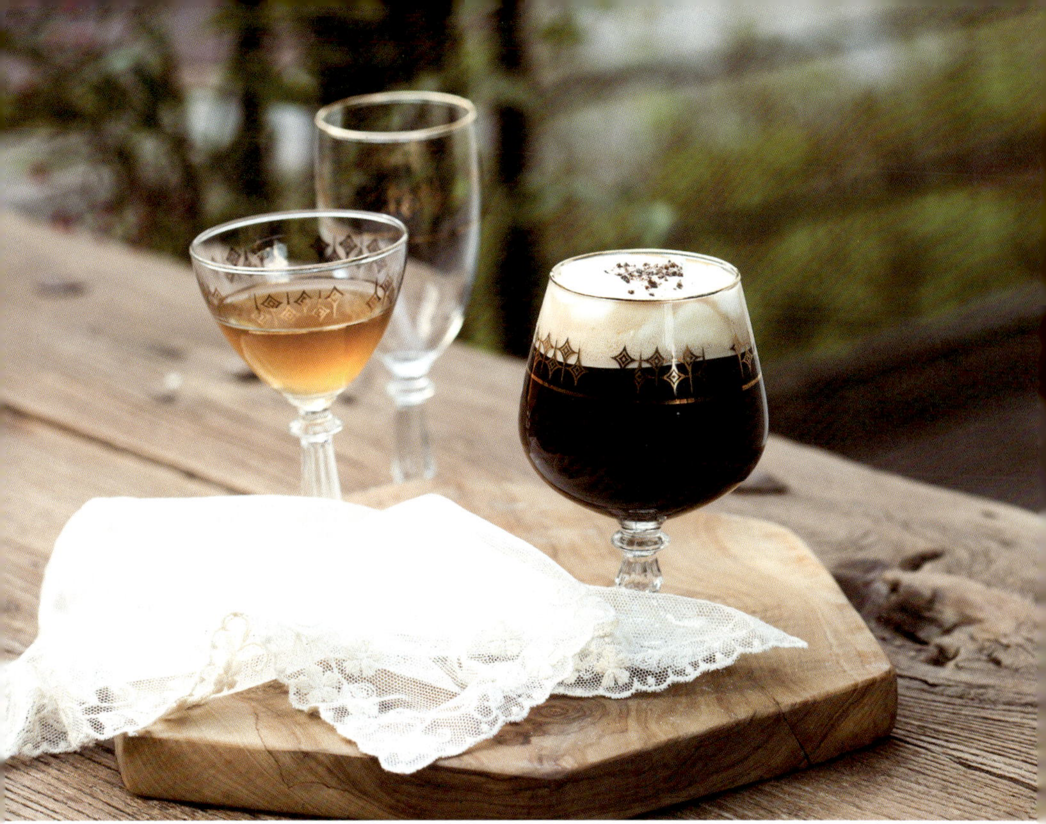

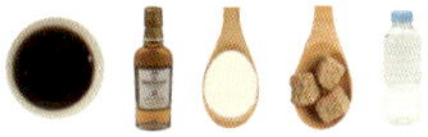

70 아이리시커피

날씨가 변덕스러운 더블린 공항에서 추위에 떠는 승객들을 위해 개발했다는 커피이지요. 위스키를 커피에 섞고 부드러운 크림 위에 달콤한 설탕을 뿌려낸 맛이 색달라요. 크림에 녹는 흑설탕의 맛을 음미해보세요.

에스프레소시럽 4큰술,
위스키 1작은술,
생크림 2큰술,
흑설탕 약간,
물 1/2컵(100ml),
얼음 1/2컵

1. 에스프레소시럽 4큰술에 위스키 1작은술을 섞는다.
2. 잔에 얼음을 채우고 ❶을 넣는다.
3. 물 1/2컵을 붓고 부드럽게 휘핑한 생크림을 위쪽에 올린다.
4. 크림 위에 흑설탕을 솔솔 뿌려 마무리한다.

 **생크림에 위스키 한 방울**

무알코올로 아이리시커피를 음미하고 싶다면 에스프레소 시럽에 위스키를 섞는 대신 생크림에 위스키 한 방울만 넣어보세요. 생크림을 휘핑하면서 위스키향이 배어들어 그 맛도 좋답니다.

71 아이스소이라떼

베지테리안이 늘고 있지만 채식주의자를 위한 카페 메뉴는 많지 않지요. 두유를 넣고 만든 라떼예요. 커피에 두유를 넣으면 고소한 맛이 살아나지요. 두유는 반드시 무가당을 선택해주세요.

에스프레소시럽
5큰술, 무가당 두유
1컵(200ml),
얼음 1컵

1. 잔에 얼음을 채우고 두유 1컵을 넣는다.
2. ❶에 에스프레소시럽을 넣는다.
3. 아래위로 잘 섞어 마무리한다. 아래에서 위쪽으로 섞어야 공기층이 형성되어 음료 맛을 더욱 풍성하게 만든다.

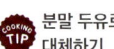 **분말 두유로 대체하기**

아몬드밀크를 넣어도 맛이 좋지요. 무가당으로 사용하는 걸 잊지 마세요. 액체 타입이 아닌 분말 두유를 넣는다면 음료 1잔당 30g의 분말 두유를 넣어야 맛이 유지됩니다.

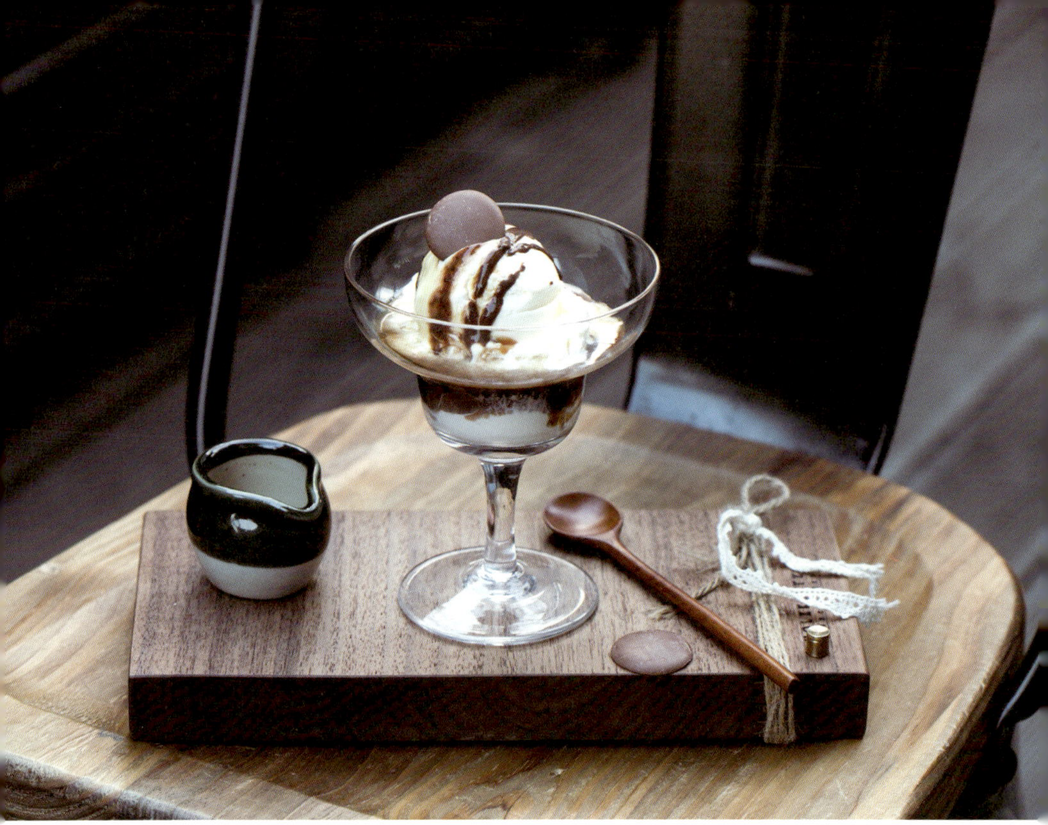

72 스위트아포카토

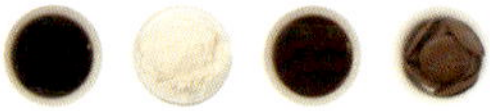

'아포카토'는 이탈리아어로 '빠지다'라는 의미의 단어입니다. 말뜻 그대로 아이스크림을 에스프레소에 빠트려 먹는 음료이지요. 바닐라빈이 함유된 아이스크림을 넣으면 그 맛이 더욱 고급스러워요.

에스프레소시럽 5큰술, 바닐라 아이스크림 1스쿱, 초코시럽 1큰술, 초콜릿 조각 약간

1. 다리가 있는 아이스크림용 잔을 준비한다.
2. 잔에 아이스크림을 풍성하게 1스쿱 넣는다.
3. 아이스크림 위에 초코시럽을 드리즐한다. 초코시럽이 너무 달다면 카카오파우더를 살짝 뿌려도 맛있다.
4. ❸에 에스프레소시럽을 붓고 초콜릿으로 장식해 마무리한다.

COOKING TIP 아포카토 잔 선택

아이스크림은 얼음보다 금방 녹기 때문에 다리가 있는 잔을 선택해야 원형 그대로 즐기기 좋답니다. 잔에 손을 대면 쉽게 녹아내리기 때문이지요. 티스푼과 함께 세팅하세요.

알록달록 보물 가루 **PART 4**

파우더로 만든 음료

요즘 마트에 가면 다양한 음료 파우더가 눈에 띄지요. 하지만 카제인나트륨 등의 식품첨가물 걱정에 맘 놓고 활용하기는 어렵습니다. 집에서 만드는 녹차, 바닐라, 핫초코, 밀크티 총 4가지의 초간단 수제 파우더 레시피를 소개합니다. 시럽과 달리 물을 넣지 않아 맛과 향이 진한 것도 특징이지요. 식품용 방습제인 실리카켈만 넣어두면 보관도 용이해 오랫동안 두고 즐길 수 있답니다.

◎ **주재료** 가루형 재료는 모두 가능

차나 초콜릿, 향신료 등 가루를 낼 수 있는 재료라면 모두 가능하다. 차는 다른 재료에 비해 그 용량을 줄여 20~30%만 넣어도 충분히 맛을 낼 수 있다.

◎ **주의사항** 실리카켈은 반드시 새 것 사용

파우더는 설탕이 들어간 가루이기 때문에 습기가 차게 되면 설탕이 뭉칠 수 있다. 이를 방지하기 위해 식품용 방습제인 실리카켈을 함께 병입해야 한다. 종종 사용하던 실리카켈을 재활용하는 경우도 있는데 이미 배인 냄새로 파우더의 풍미를 해칠 수 있으니 반드시 새 것을 사용한다.

◎ **만들기 핵심** 체에 걸러 고운 입자만 사용

파우더는 원재료와 설탕을 갈아서 만들어 원재료가 완벽하게 갈리지 않으면 목 넘김도 불편해진다. 덩어리가 남아 있다면 반드시 체에 한 번 더 걸러 고운 입자만 남긴다.

◎ **보관법** 직사광선 없는 그늘에서 보관

파우더는 햇볕이 들지 않는 곳에서 실온보관하는 게 알맞다. 냉장고에 보관할 경우 잠깐만 실온에 두어도 파우더 자체에 수분이 맺혀 뭉침이 생길 수 있기 때문이다. 파우더에 습기가 차지 않도록 주의한다.

그린티파우더

하동이나 보성, 제주의 유기농 말차를 구입해 그린티파우더를 만들어보세요. 당도가 낮은 타가토스설탕을 넣고 만들면 부담없이 다양한 음료에 매칭하기 좋답니다. 향이 좋기로는 초봄 우전이 손꼽히나 파우더용으로는 6월에 생산된 녹차도 훌륭해요. 이왕이면 진한 그린색을 띄는 차광재배한 말차를 사용하세요. 시판 녹차가루의 경우 녹차 70%에 클로렐라 또는 시금치 30%로 배합된 경우가 많으니 반드시 순수 녹차 100%를 구입하세요.

녹차가루 1/4컵(50g), 설탕 1컵(180g)

1. 색이 진한 녹차가루를 준비한다. 누런 빛 없이 선명한 녹색의 차를 구입해야 한다.
2. 믹서 볼에 녹차가루, 설탕을 넣고 간다.
3. 녹차와 설탕이 완벽히 섞여 한 가지 색으로 보일 때 정지한다.
4. 밀폐용기에 실리카겔과 함께 넣어 보관한다.

> **COOKING TIP** 남은 녹차가루는 반드시 냉동실에 보관
> 사용하다 남은 녹차가루는 실온에 두지 말고 반드시 냉동실에 보관하세요. 실온에 두고 금세 갈변현상이 생길 수 있답니다. 두꺼운 은박봉지에 넣고 공기를 최대한 뺀 뒤 냉동실에 넣고 사용하세요.

73 그린티아이스에스프레소

차와 커피를 한 잔으로 즐기세요. 파우더를 이용하면 커피에 매칭하기 쉽지요.
수제 그린티파우더를 에스프레소를 믹스하니 새로운 맛이 나옵니다.
파우더용 녹차는 일본산보다는 국산 유기농 말차를 권해요.

그린티파우더 1큰술,
에스프레소 또는
더치커피 1/4컵(50ml),
우유 1컵(200ml),
얼음 1컵

1. 잔에 그린티파우더를 넣는다.
2. 우유 1/2컵을 부어 그린티파우더와 섞는다.
3. ❷에 얼음을 가득 채운다.
4. 남은 우유를 붓고 커피를 부어 마무리한다.

 COOKING TIP 투명한 얼음 만들기

청량감 가득한 카페의 얼음과 달리 집에서 만든 얼음은 투명하지 않지요. 비밀은 기포 속에 있습니다. 물을 한 번 끓였다가 식혀 얼음을 얼려보세요. 기포가 생기는 현상을 방지해 투명한 얼음을 만들 수 있어요.

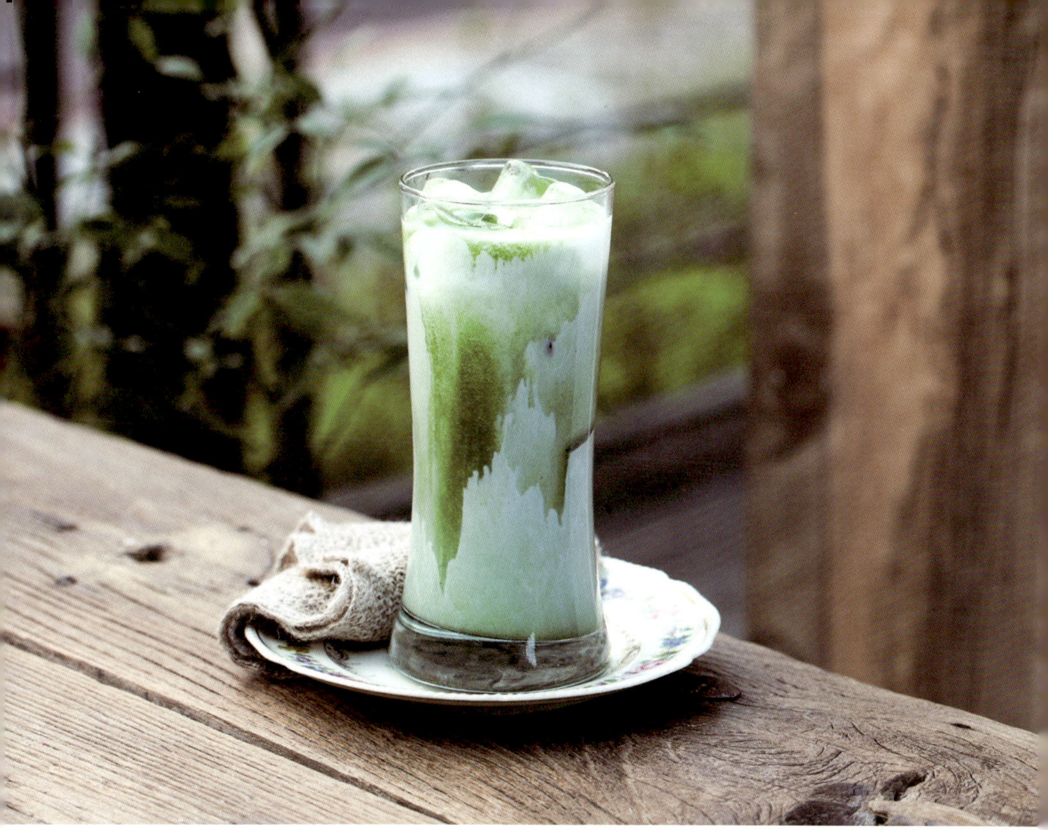

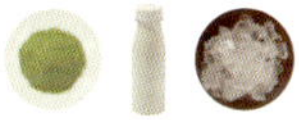

74 그린티아이스라떼

진하고 쌉쌀한 말차가루를 넣어 만든 라떼예요. 도쿄여행 때 우연히 맛보았던 최고의 그린티라떼를 떠올리며 만들었지요. 아련한 그리움이 밀려오는 음료이기도 해요.

그린티파우더 2큰술, 우유 1컵(200ml), 얼음 1컵

1. 우유 1/3컵에 그린티파우더 2큰술을 넣고 고루 섞는다.
2. 길이가 긴 잔에 얼음을 가득 채운 뒤 남은 우유 2/3컵을 붓는다.
3. ❶의 우유에 녹인 그린티파우더를 넣고 완성한다.

COOKING TIP 파우더 완벽히 섞는 법

파우더 음료에서 중요한 과정 중 하나가 음료에 파우더를 완벽히 섞는 일입니다. 그래야 목넘김이 깔끔하지요. 음료의 1/2을 먼저 붓고 파우더를 섞은 뒤에 나머지 음료를 부어야 파우더 입자가 남지 않아요.

바닐라파우더

바닐라파우더는 시럽보다 만들기도 쉽지만 그 맛은 훨씬 강하지요. 바닐라빈을 통째로 갈아 넣기 때문입니다. 바닐라빈은 바싹 말려야 믹서에 곱게 갈리지요. 바닐라빈을 1cm 크기로 잘라서 직사광선이 차단된 곳에서 2~3일 말리거나 식탁 위 유리컵에 바닐라빈을 며칠 꽂아두는 것도 좋은 방법입니다. 음료뿐만 아니라 베이킹에서도 슈가파우더 대신 활용하세요.

말린 바닐라빈 1줄(2g), 설탕 1컵(180g)

1. 바닐라빈과 설탕을 준비한다. 설탕은 고운 입자의 타가토스설탕이 적당하다.
2. 바닐라빈을 1cm 길이로 잘라 그늘에서 바싹 말린다.
3. 바짝 바른 바닐라빈을 통째로 잘라 설탕과 섞는다.
4. 믹서 볼에 ❸을 넣고 바닐라파우더가 될 때까지 간다.
5. 체에 걸러 밀폐용기에 담아 실리카겔과 함께 보관한다.

COOKING TIP 바닐라빈 속 섬유질 제거하기
바닐라빈을 통째로 갈아서 파우더를 만들 때는 반드시 마지막 단계에서 체에 걸러야 바닐라빈 자체의 펄프를 제거할 수 있어요. 바닐라빈 줄기에 있는 섬유질이 걸러지도록 고운체를 사용하세요.

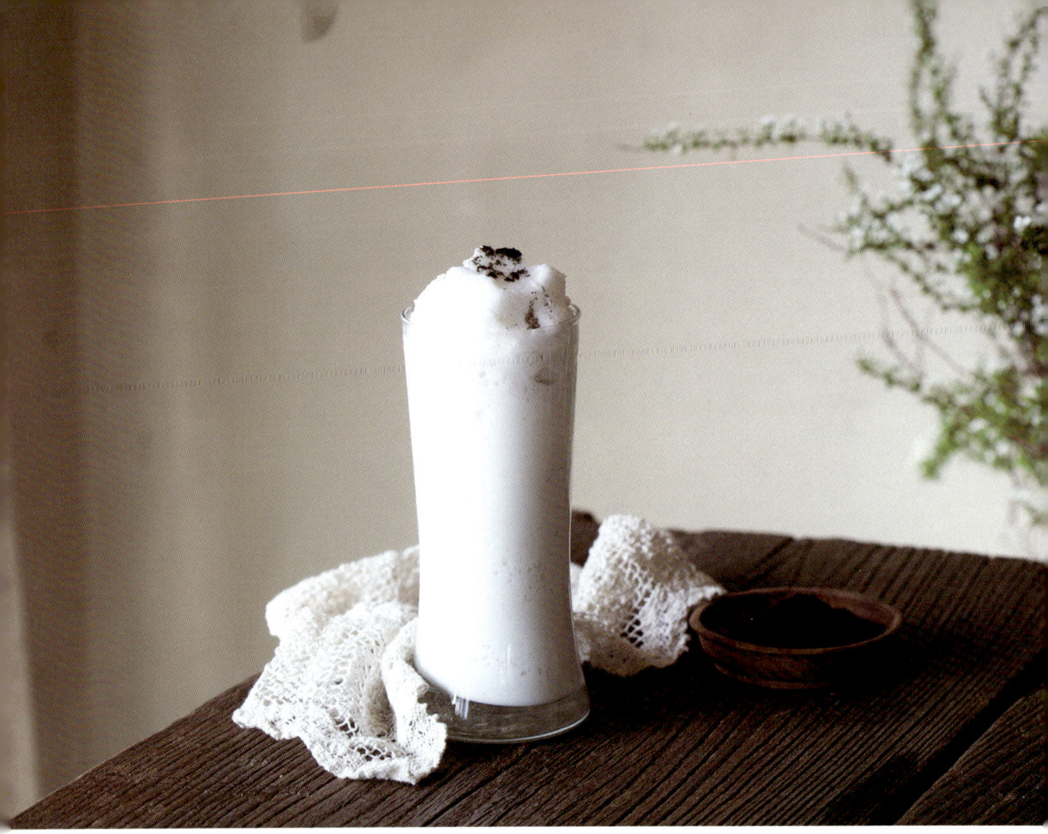

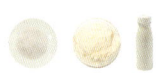

75 더블바닐라쉐이크

진한 우유 맛의 아이스크림은 언제나 사랑받지요. 바닐라아이스크림과 수제 바닐라파우더로 진한 풍미의 쉐이크를 만듭니다. 새하얀 눈밭을 연상시키는 시원한 컬러의 여름 음료예요.

바닐라파우더 2큰술, 바닐라아이스크림 2스쿱, 우유 1/2컵(100ml)

1. 믹서 볼에 바닐라파우더와 바닐라 아이스크림을 넣는다.
2. 파우더와 아이스크림이 섞이도록 빠르게 간다.
3. ❷에 우유를 부어 한 번 더 간다.
4. 잔에 부어 마무리한다.

COOKING TIP 아이스크림 고르기

아이스크림 종류에 따라 쉐이크의 맛과 질감도 달라집니다. 유지방 함량이 높은 아이스크림은 깊고 진한 맛의 쉐이크를, 쫀득한 젤라또 질감의 아이스크림은 청량감 있는 쉐이크를 만들 수 있어요. 젤라또 아이스크림은 냉동온도를 낮추어 -20~-24°C로 보관하세요.

76 파인오렌지

파인애플과 오렌지가 들어간 음료에 바닐라파우더를 넣으면 산도를 조절해 맛이 고급스러워져요. 레몬, 라임 등 신맛이 강하다고 생각되는 과일을 넣은 음료에 바닐라파우더를 활용해보세요.

바닐라파우더 1/2큰술,
파인애플 원형
슬라이스 1조각,
오렌지 중간크기 1/2개,
물 1컵(200ml),
얼음 1/2컵,
로즈마리 약간

1. 파인애플을 깍둑썰기로 준비한다.
2. 오렌지도 껍질을 벗겨 깍둑썰기한다.
3. 믹서 볼에 깍둑썬 파인애플과 오렌지, 물, 얼음, 바닐라파우더를 넣고 함께 곱게 간다.
4. 잔에 따른 뒤 파인애플 조각과 로즈마리로 장식해 완성한다.

 COOKING TIP 파인애플 믹서에 갈기

파인애플은 섬유질이 많은 과일이라 믹서에 넣기 전에 적당한 크기로 잘라주는 게 중요해요. 자칫 믹서의 모터가 고장날 수 있지요. 파인애플 가운데 딱딱한 부분을 제거해야 음료도 부드러워집니다.

핫초코파우더

어릴 적 코코아 통에 들어있던 코코아가루를 생각하며 만든 파우더예요. 카카오파우더에 초콜릿 넣고 함께 갈아 맛이 더욱 좋지요. 다만 초콜릿은 차가운 우유와 잘 섞이지 않으니 파우더에 초콜릿을 넣었다면 핫티로 즐기세요. 파우더용 초콜릿은 반드시 다크초콜릿을 사용하세요. 밀크초콜릿을 넣으면 단맛만 강해질 수 있답니다. 완성된 핫초코파우더는 냉장보관하세요.

무가당 카카오파우더 1/2컵(80g), 다크초콜릿 1/4컵(50g), 설탕 1컵(180g)

1. 볼에 분량의 무가당 카카오파우더와 설탕을 넣어 섞는다.
2. 다크초콜릿이 가루와 잘 섞이도록 잘게 부순다.
3. 믹서 볼에 ❶과 ❷를 넣고 함께 간다. 초콜릿이 갈리면 바로 멈춘다.
4. 밀폐용기에 완성된 핫초코파우더를 넣고 실리카켈과 함께 보관한다.

> **COOKING TIP 초콜릿은 단시간 동안 빠르게 갈기**
> 초콜릿을 재료와 함께 갈 때는 짧고 빠르게 갈아야합니다. 너무 오래 갈면 초콜릿 속 버터가 다시 뭉쳐버릴 수 있어요. 완성된 후에는 냉장보관하세요. 초콜릿 성분이 실온에서 수분을 흡수해 뭉칠 수 있답니다. 조금씩 자주 만들어 즐겨야하는 파우더예요.

77 라즈베리아이스초코

매일 초콜릿 음료를 찾던 분이 계셨지요. 어느 날은 오리지널 초코릿 음료가 질렸는지 상큼한 맛의 초코릿 음료를 찾더군요. 그래서 핫초코에 수제 라즈베리청 1큰술을 넣어줬는데 세상에서 제일 맛있는 핫초코라며 좋아했습니다. 바로 그 레시피입니다.

핫초코파우더 2큰술,
라즈베리청 1큰술,
우유 1컵(200ml),
얼음 1컵

1. 잔에 핫초코파우더와 라즈베리청을 넣고 섞어 서로 어우러지도록 잠시 둔다.
2. 얼음을 넣고 우유 1/2컵을 부어 섞는다.
3. 남은 우유 1/2컵을 붓고 잘 섞는다.

 COOKING TIP 라즈베리와 우유의 영양

라즈베리는 우유와 궁합이 좋아요. 라즈베리의 유기산과 비타민C가 우유의 칼슘 흡수를 돕습니다. 입안에서 톡톡 씹히는 라즈베리 씨에는 오메가3가 풍부해 라즈베리와 우유로 만든 음료 한 잔 안에 영양이 가득합니다.

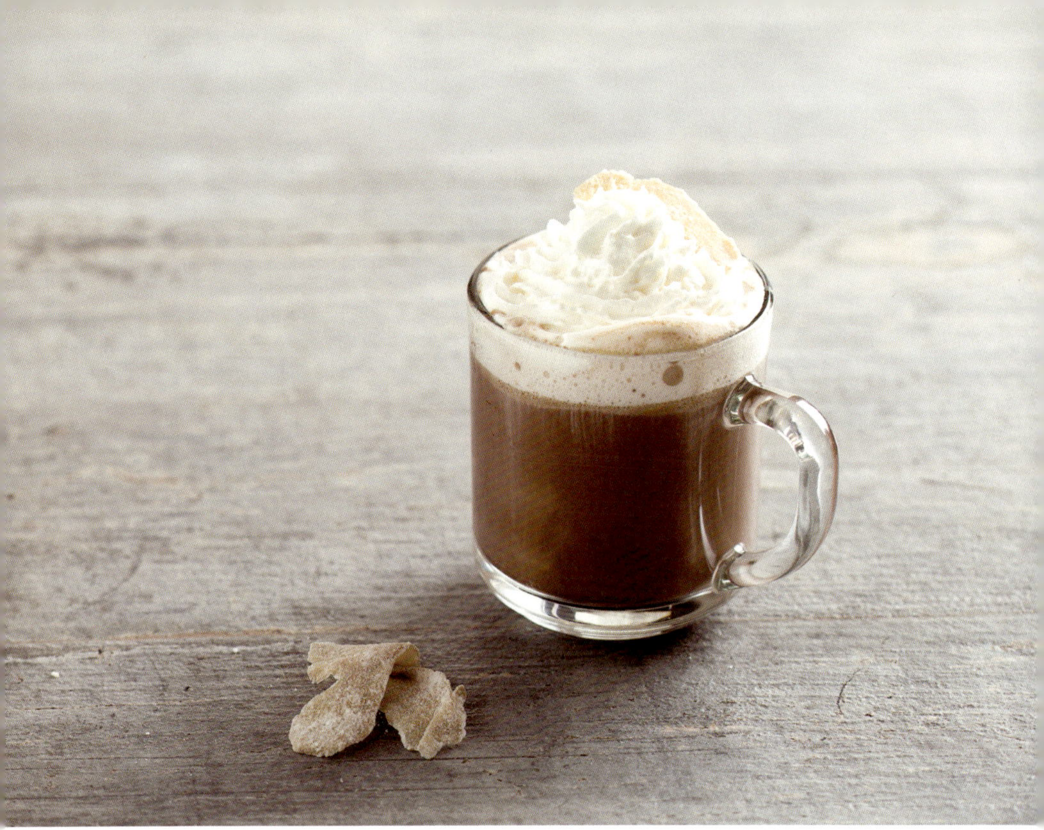

78 진저핫초코

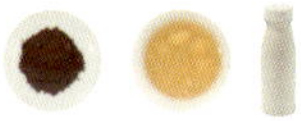

진하게 만든 핫초코를 더 맛있게 즐기는 방법 중 하나는 매콤하고 개운한 맛의 생강과 매칭하는 것이지요. 진저코디얼을 이용하면 누구나 부담 없이 즐길 수 있는 핫초코가 완성됩니다.

핫초코파우더 2큰술, 진저코디얼 1큰술, 우유 1컵(200ml), 생크림 3큰술, 잔 데울 물

1. 물을 끓여 잔의 1/2까지 붓고 30초간 잔을 예열한다.
2. 예열한 잔에 핫초코파우더와 진저코디얼을 넣어 섞는다.
3. 냄비에 우유를 부어 테두리에 1cm 링을 만들며 끓어오를 때까지 중간 불로 데운다.
4. 뜨겁게 데운 우유를 ❷에 부어 섞은 뒤 생크림을 휘핑해 위에 올린다.

COOKING TIP

핫티 온도 유지하기

우유가 포함된 뜨거운 음료는 온도 유지가 중요하지요. 머그에 핫티를 담아 두툼한 코스터를 깔고 올려두세요. 내부가 스테인리스인 컵을 사용하는 것도 음료를 따뜻하게 오래 즐기는 방법이에요.

밀크티파우더

홍차를 곱게 갈아 설탕과 섞어 밀크티파우더를 만들어요.
잉글리시브랙퍼스트, 얼그레이, 아쌈, 실론티… 어떤 종류의 홍차라도
좋아요. 주방에 고속 믹서가 있다면 입자가 고운 홍차 잎을 넣고 직접
파우더를 만들어보세요. 그 향이 더욱 좋겠지요? 오늘은 홍차 100% 성분의
가루홍차를 이용해 간편하게 만드는 방법을 택했습니다. 레몬에이드에
밀크티파우더 한 스푼을 넣으면 아이스티가 뚝딱 완성됩니다. 완성된
파우더는 직사광선을 피해 보관하면 6개월 사용할 수 있어요.

가루홍차 1/4컵(50g), 설탕 1컵(180g)

1. 가루홍차와 설탕을 1:4의 비율로 준비한다. 차로 파우더를 만들 때는 다른 재료에 비해
   그 양을 적게 잡아도 충분하다.
2. 믹서 볼에 가벼운 가루홍차를 먼저 넣고 그 위에 묵직한 설탕을 부어 간다.
3. 밀폐용기에 완성된 밀크티파우더를 담고 실리카켈과 함께 보관한다.

 **티백으로 가루홍차 대체하기**

가루홍차는 가향이 전혀 되지 않은 오리지널 홍차가루를 의미합니다. 만약 집에
가루홍차가 없을 때에는 티백을 잘라 밀크티파우더를 만드세요. 티백 속 홍차를 믹서에
갈고 체에 걸러 고운 가루를 얻은 뒤 설탕과 섞어 한 번 더 갈아 사용합니다.

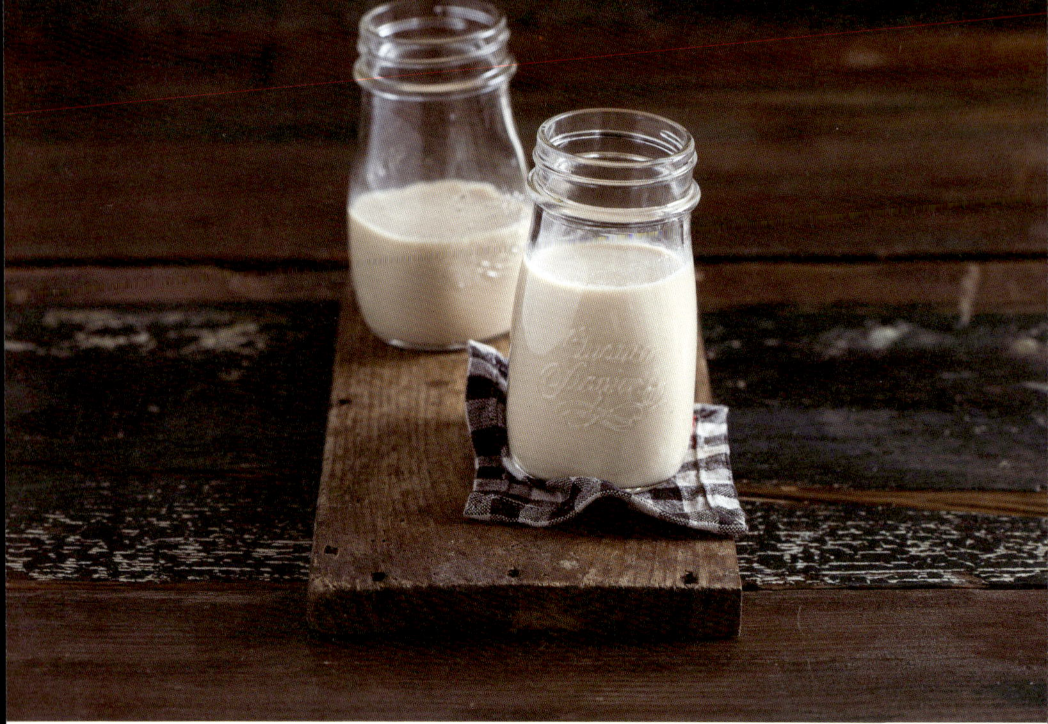

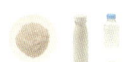

79 로얄밀크티

오래전 해외 출장길에서 밀크티 믹스를 보고 신기해했던 게 생각납니다. 커피 믹스만 보던 차에 너무 신기했지요. 말차가루처럼 미분한 홍차가루만 있다면 가정에서도 어렵지 않게 밀크티파우더를 만들 수 있답니다.

밀크티파우더 3큰술, 우유 1컵(200ml), 뜨거운 물 1/4컵(50ml)

1. 잔에 뜨거운 물 1/4컵과 밀크티파우더를 넣어 고루 섞는다.
2. 우유를 냄비에 부어 테두리에 1cm 링을 만들며 끓어오를 때까지 중간 불에서 데운다.
3. ①에 데운 우유를 부어 마무리한다.

COOKING TIP 티 파우더 음료 즐기기

파우더로 만든 음료의 경우 다 마시고 나면 잔 바닥에 미분이 남아 있기 마련이지요. 홍차나 녹차 등을 이용해 만든 파우더의 경우에는 차의 특성상 1분이라도 기다렸다 음용하세요. 그러면 더 좋은 맛의 티를 음미할 수 있어요.

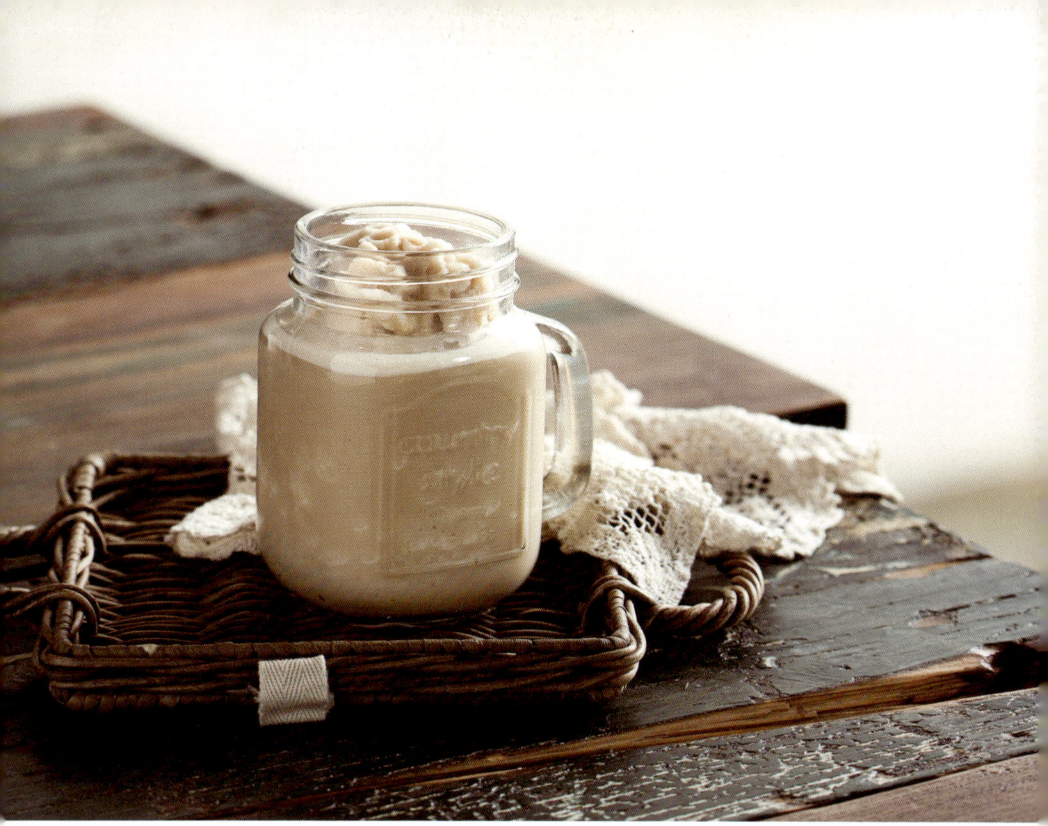

80 밀크티쉐이크

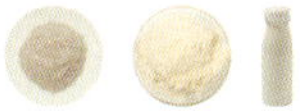

입안에서 사르르 녹는 소프트아이스크림의 질감을 지닌 쉐이크입니다. 이미 여러 카페에서도 인기 메뉴로 자리잡고 있지요. 밀크티파우더와 믹서만 있다면 손쉽게 누구나 만들 수 있답니다.

밀크티파우더 2큰술, 아이스크림 2스쿱, 우유 1/2컵(100ml)

1. 믹서 볼에 아이스크림과 우유, 밀크티 파우더를 넣는다.
2. 내용물이 재빨리 섞이도록 빠른 속도로 갈아준다.
3. 가장 느린 속도로 10초 이상 갈아 질감을 잡는다.
4. 잔에 부어 마무리한다.

COOKING TIP **밀크쉐이크 맛내기**

밀크쉐이크는 얼음 없이 우유와 아이스크림을 넣고 만드는 음료입니다. 주로 과일시럽이나 초콜릿시럽으로 맛을 내지요. 여기에 직접 만든 수제 밀크티파우더를 넣으면 밀크티 쉐이크가 완성됩니다.

냉침홍차

홍차를 간단하게 즐기는 방법이 냉침입니다. 차가운 물에 홍차를 우려내는 방법이지요. 차가운 물에 홍차를 우리면 홍차 자체의 타닌과 카페인이 적게 추출되어 떫은맛이 덜합니다. 손님초대상에 블루베리향 홍차 티백을 12시간 냉침한 냉침홍차를 내놓으세요. 모두가 깜짝 놀랄 거예요. 음료 베이스로 만들 때는 생수 1통(300ml) 기준으로 티백 1개, 식수로 즐길 때는 2리터에 티백 1개가 적당합니다. 냉침홍차 레시피에서 가장 중요한 건 냉침 시간입니다. 반드시 12시간을 지켜주세요. 더 오래 티백을 냉침시키면 농도가 짙어지면서 깊은 맛이 날 거라 생각하지만 실제로는 물이 탁해져 빛깔도 맛도 떨어져요. 냉침홍차를 3~4일 두고 마시고 싶을 때는 티백을 제거하거나 다른 병에 옮겨서 냉장보관하세요.

홍차 티백 1개, 물 1과1/2컵(300ml)

1. 300ml 용량의 생수 1병을 준비한다.
2. 홍차 티백 1개를 생수 통에 넣는다.
3. 12시간 동안 냉장숙성 후 티백을 제거하여 사용한다.

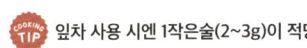 **잎차 사용 시엔 1작은술(2~3g)이 적당**

대부분의 티백의 용량은 1.5g~2g입니다. 티백이 아닌 잎차를 사용할 때는 2~3g을 넣으세요. 편리하기로는 펄프 타입의 티백이 냉침용으로 적당합니다.

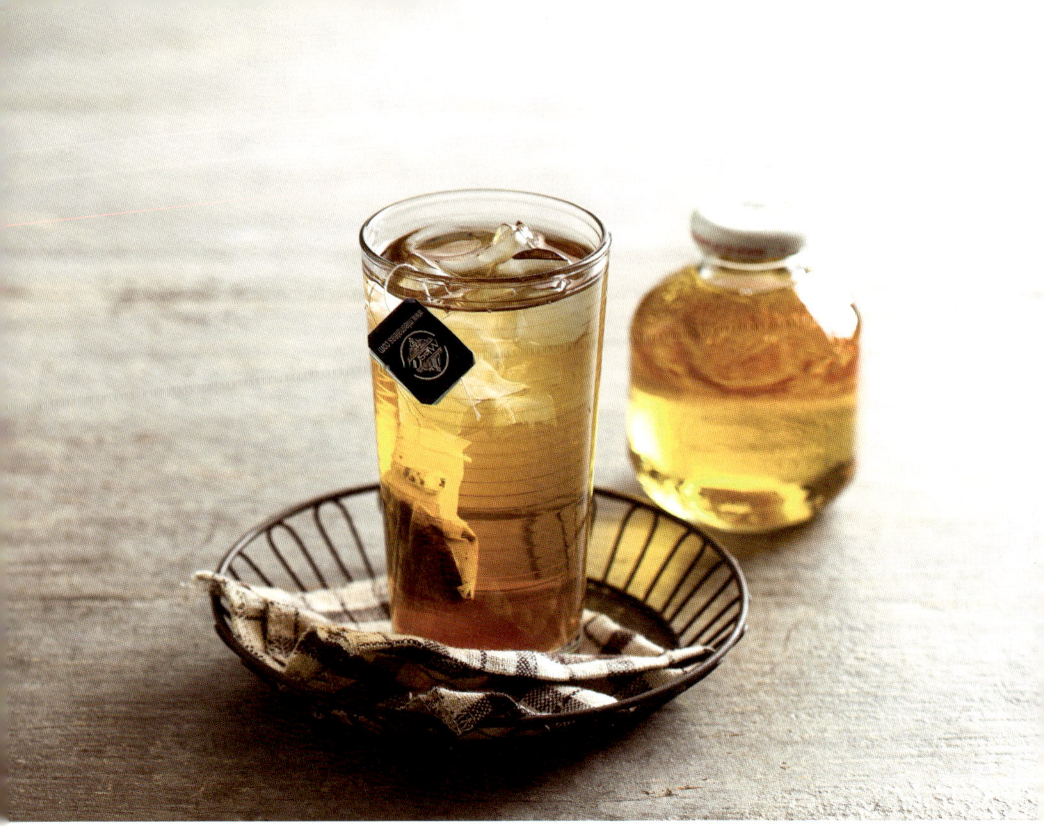

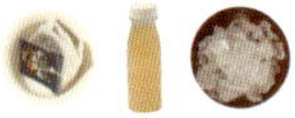

81 애플샤워

사워솝이라는 열대과일이 있지요. 구아나바나, 그라비올라라고도 불리는데 우리에게는 과일보다는 홍차로 익숙하지요. 면역력은 물론 스트레스 해소에도 탁월해 기분이 울적한 날 즐기기 좋아요.

사워솝 홍차 티백 1개, 사과주스 1컵(200ml), 얼음 1컵

1. 깨끗이 세척한 병을 준비한다.
2. 병 속에 사워솝 홍차 티백을 넣는다.
3. 사과주스 1컵을 넣고 12시간 냉장실에서 냉침한다.
4. 12시간 뒤 티백과 함께 잔에 얼음을 채워 따라 마신다.

COOKING TIP **가정용 티백 만들기**

티백이 없이 잎차만 가지고 있다면 직접 티백을 만들어보세요. 종이로 된 다시백을 준비한 뒤, 홍차 2g을 넣고 실로 묶으면 됩니다. 묶은 실 끝에 차 이름을 알 수 있는 네임텍을 달아놓으면 더욱 편리해요.

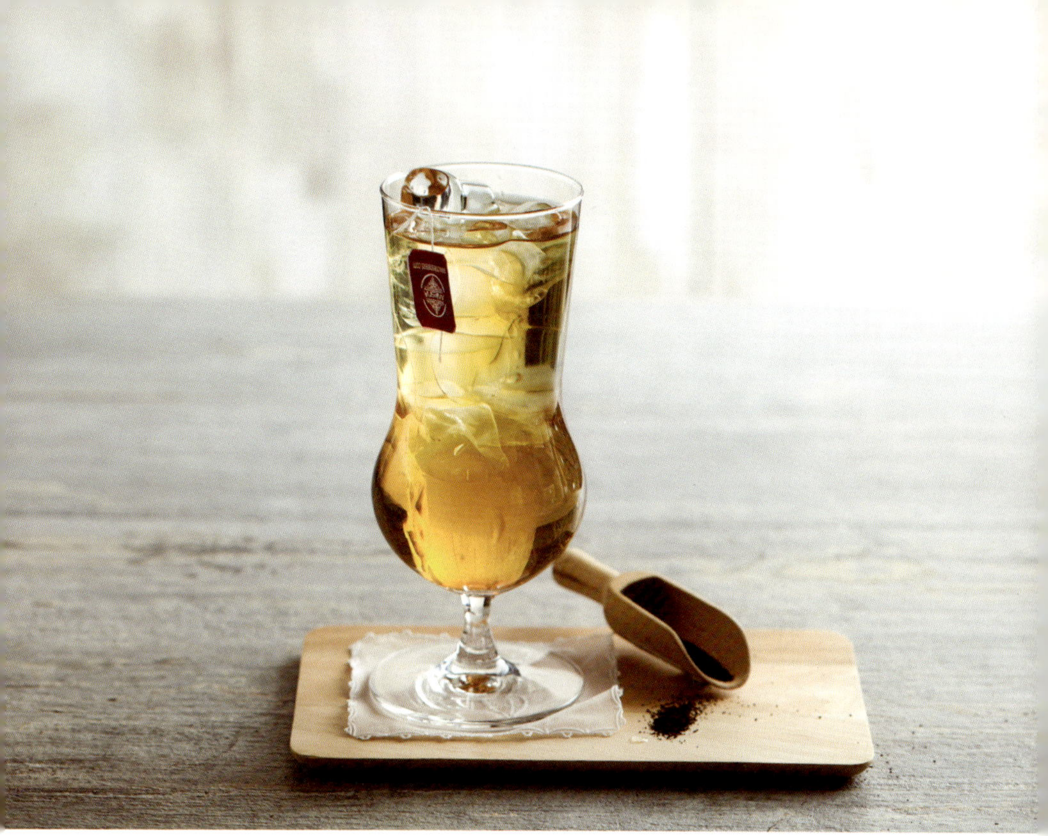

82 아이스와인

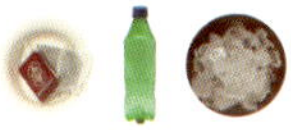

간단하지만 그 맛이 뛰어나 자주 즐기는 음료입니다. 홍차와 탄산음료만으로 달콤한 음료를 만들 수 있지요. 홈파티 음료로도 손색없어요. 최소 3시간 전에 만들어 사용하세요.

아이스와인 홍차 티백 1개, 탄산음료 1과1/2컵(300ml), 얼음 1컵

1. 깨끗이 세척한 병을 준비한다.
2. 병 속에 아이스와인 홍차 티백을 넣는다.
3. 탄산음료를 넣고 최소 3시간 냉장실에서 냉침한다.
4. 3시간 후 잔에 얼음을 채워 따라 마신다.

COOKING TIP **탄산이 싫다면 물 + 설탕 1큰술**

톡 쏘는 탄산이 싫다면 물에 홍차 티백을 넣고 냉침해도 됩니다. 다만 같은 당도를 원한다면 설탕 1큰술이 필요하지요. 청포도 슬라이스를 장식으로 곁들여도 아이스와인과 어울려요.

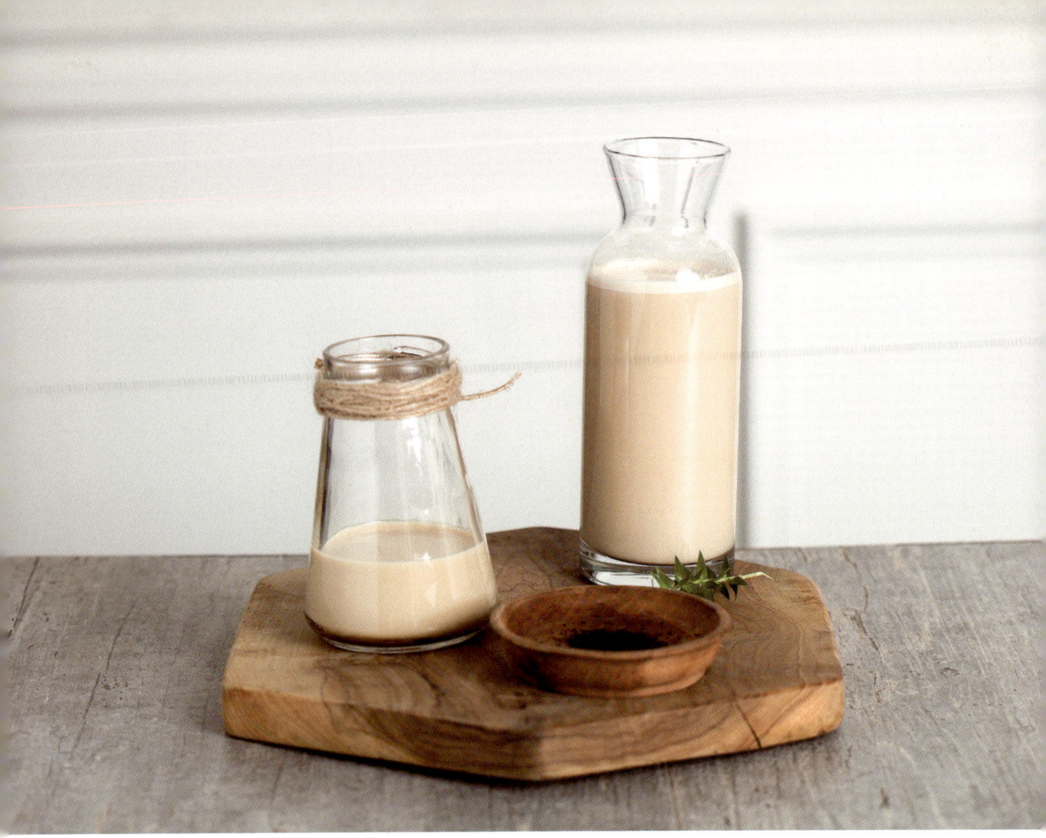

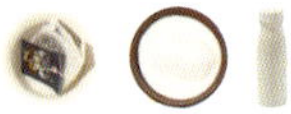

83 냉침밀크티

홍차를 우유에 냉침하면 홍차가 가진 특별한 향이 우유에 자연스럽게 묻어나지요. 무엇보다 끓인 우유의 맛이 나지 않아 부담이 없답니다. 적당한 병 하나와 주방 서랍 속 아껴둔 홍차를 꺼내보세요.

홍차 2큰술(10g),
설탕 1큰술,
우유 1컵(200ml)

1. 깨끗이 세척한 병을 준비한다.
2. 병에 홍차와 설탕을 넣는다.
3. 우유를 붓고 12시간 냉장실에서 냉침한다.
4. 12시간 뒤 거름망에 거른 밀크티를 잔에 부어 음용한다.

COOKING TIP 밀크티 vs 아이스티 홍차 고르기

밀크티에는 향이 진한 스리랑카 산지의 실론티를 필두로 잉글리시브랙퍼스트, 얼그레이, 아쌈홍차 등을 추천합니다. 반면 아이스티는 과일향이 가향된 홍차가 제격이지요. 청포도향의 다즐링도 잘 어울립니다.

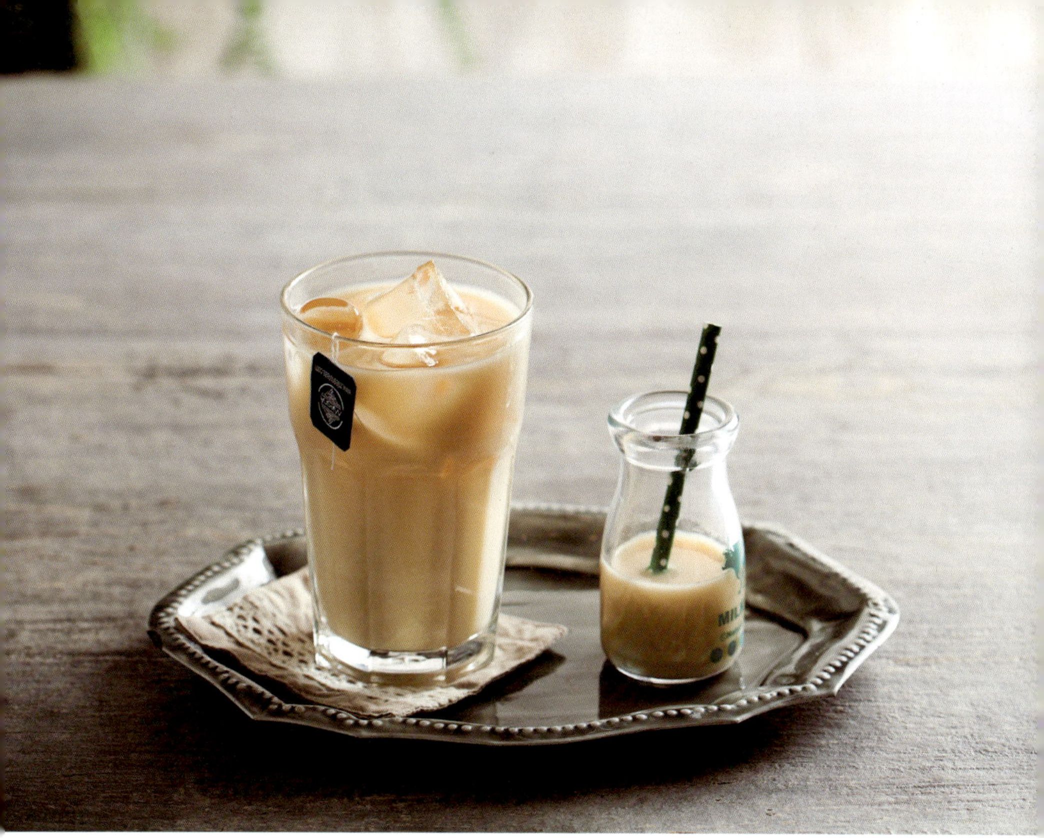

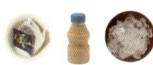

84 아이스티요구르트

새콤달콤한 요구르트에 홍차향이 스며들어 색다른 아이스티가 완성됩니다. 어떤 홍차를 선택하는가에 따라 그 맛과 향이 달라져요. 손이 잘 가지 않던 홍차도 달콤한 요구르트에 냉침하면 색다른 맛을 냅니다.

아이스와인 홍차 티백 1개, 요구르트 1컵(200ml), 얼음 1컵

1. 깨끗이 세척한 병을 준비한다.
2. 병에 홍차 티백을 넣는다.
3. 요구르트 1컵을 넣고 냉장실에서 12시간 냉침한다.
4. 12시간 후 잔에 얼음을 채워 따라 마신다.

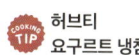

COOKING TIP **허브티 요구르트 냉침**

허브티는 요구르트와도 잘 어울려요. 히비스커스를 넣어 냉침하면 붉은 히비스커스가 요구르트와 만나 사랑스러운 핑크빛으로 물들지요. 과일향 홍차로는 블루베리나 바나나향 홍차를 추천합니다.

콜드브루커피

차가운 물을 사용하여 오랜 시간에 걸쳐 만들어내는 커피입니다. 맛은 비슷하지만 방법이 여럿 있지요. 커피 기구에 물을 넣고 침지를 해서 우려내는 미국식 방식과 물을 한 방울씩 떨어트려서 커피를 적셔 원액을 얻어내는 일본식 방법입니다. 각각 콜드브루커피와 더치커피라 부르지요. 오늘은 미국식 방법을 소개합니다. 만든 즉시 바로 먹기보다는 3~4일 냉장고 숙성시간 걸쳐야 풍부한 커피 맛을 느낄 수 있어요.

곱게 갈은 원두 4컵(400ml), 물 10컵(2000ml)

1. 원두를 분쇄기에 넣어 곱게 간다. 에스프레소 원두보다 살짝 굵게 간다.
2. 토디커피 기구에 물 2컵을 붓고 곱게 갈은 원두 2컵 분량을 넣는다.
3. 다시 남은 물을 모두 붓고 남은 원두를 넣는다.
4. 스푼을 이용해 원두가 물에 모두 닿도록 적신다.
5. 랩으로 밀봉해 12시간 냉장실에서 우린 뒤 추출기구에 올려 추출한다.
6. 물기 없는 병에 담고 3일간 냉장숙성해 사용한다.

COOKING TIP 콜드브루커피 원액은 반드시 희석해 사용

콜드브루커피 원액은 다량의 카페인을 함유하고 있으니 반드시 음료나 물에 희석해 사용하세요. 완성된 콜드브루커피는 큰 병에 넣고 사용하는 것보다 작은 병 여러 개에 나눠놓아야 보관기간도 길어져요.

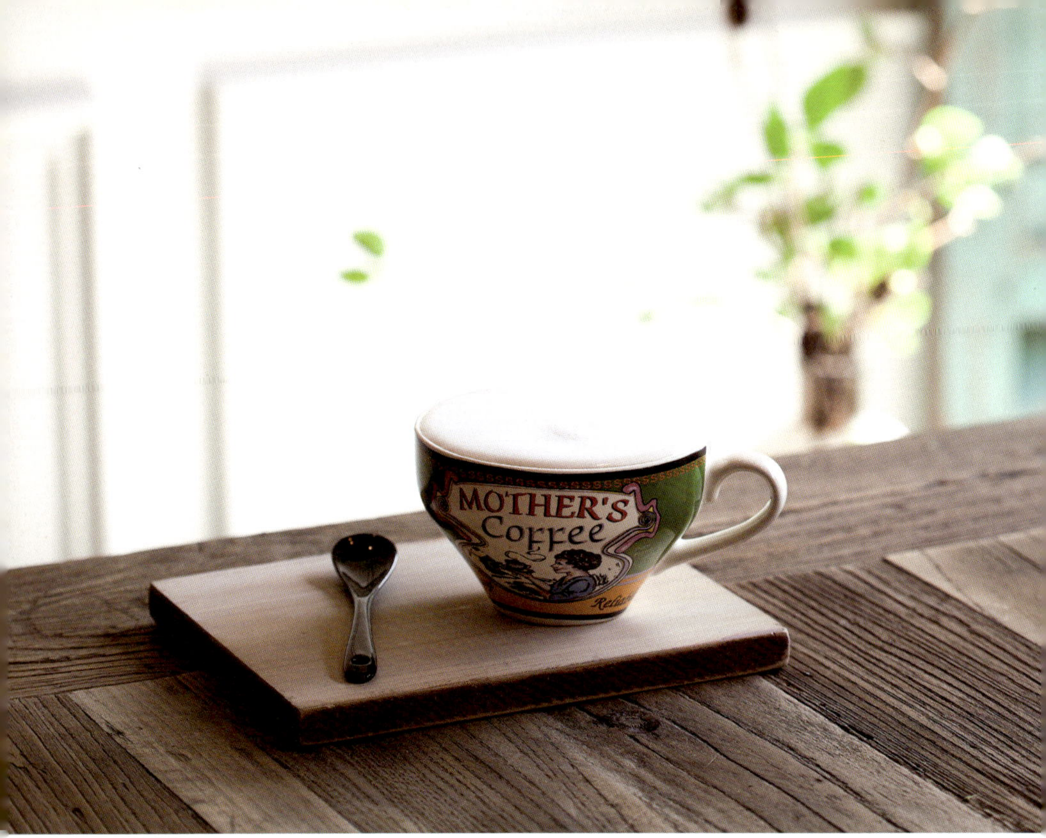

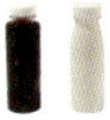

85 라떼

예쁜 잔에 커피와 따끈하게 데운 우유를 넣어 마셔요. 진한 커피는 우유와 잘 어울리지요. 콜드브루커피로 만든 라떼는 커피향이 살아 있어 식은 뒤 마셔도 맛있답니다. 기운 없는 날에는 약간의 설탕도 추가하세요.

콜드브루커피 1/4컵(50ml), 우유 1컵(200ml), 컵 데울 물

1. 물을 끓여 잔의 1/2까지 붓고 30초간 잔을 예열한다.
2. 예열한 잔에 콜드브루커피를 넣는다.
3. 냄비에 우유를 부어 테두리에 1cm 링을 만들며 끓어오를 때까지 중간 불로 데운다.
4. 따끈하게 데운 우유를 ❷에 넣어 마무리한다.

COOKING TIP 비정제설탕 단맛 내기

라떼에 시럽을 넣으면 맛이 싱거워질 수 있지요. 요즘 카페에서는 시럽 대신 음료와 잘 맞는 설탕을 사용한답니다. 백설탕을 기본으로 비정제설탕도 많이 사용하는데, 비정제설탕은 단맛이 적으므로 같은 당도를 원한다면 양을 조금 더 늘려주세요.

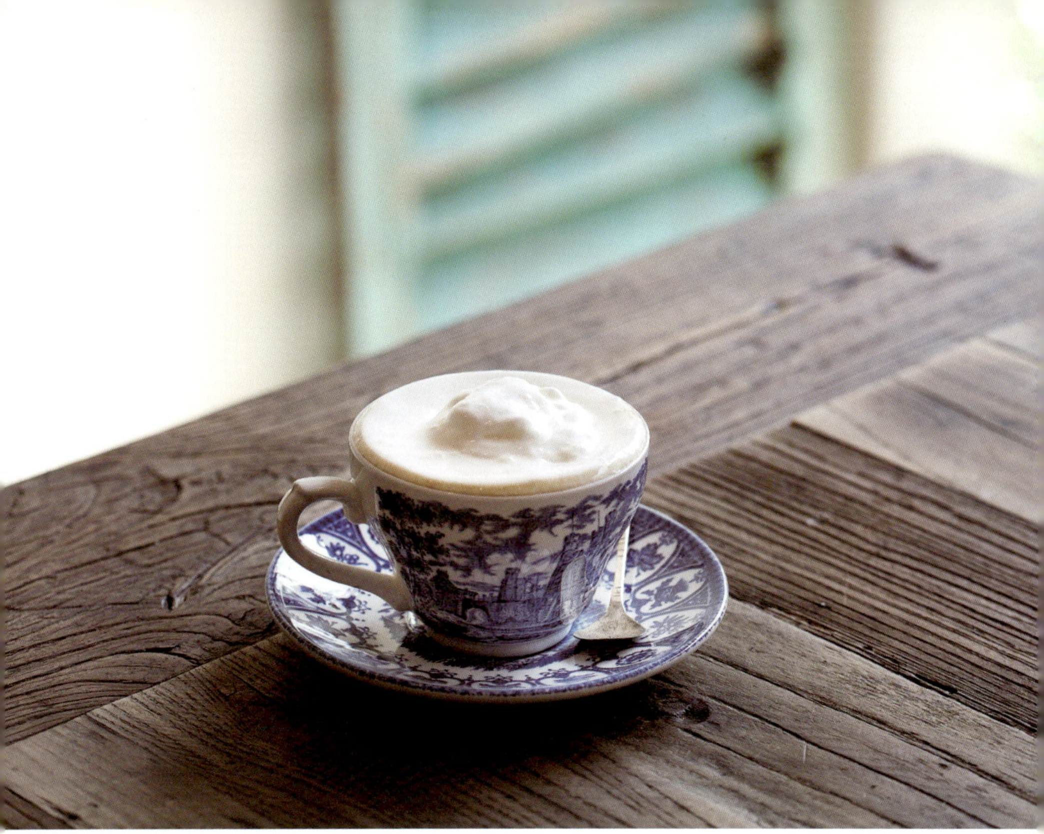

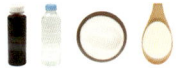

86 아인슈페너

오래 전에 비엔나커피가 유행을 했습니다. 진한 블랙커피에 크림이나 아이스크림 한 스쿱을 넣어 마시는 음료였지요. 요즘에는 아인슈페너라는 이름으로 더 유명해졌네요.

콜드브루커피 1/4컵(50ml), 뜨거운 물 1/2컵(100ml), 설탕 1작은술, 생크림 3큰술, 잔 데울 물

1. 물을 끓여 잔의 1/2까지 붓고 30초간 잔을 예열한다.
2. 콜드브루커피와 뜨거운 물, 설탕을 섞어 예열한 잔에 넣는다.
3. 생크림을 휘핑해 모양을 잡는다
4. 휘핑한 생크림을 ❷에 올려 마무리한다.

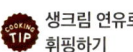

COOKING TIP 생크림 연유로 휘핑하기

아인슈페너의 포인트는 휘핑한 생크림 장식이지요. 이때 생크림에 맛을 더해보세요. 연유를 생크림에 섞은 뒤 휘핑하면 달콤한 생크림이 만들어진답니다. 생크림은 식물성보다는 동물성이 더 맛있어요.

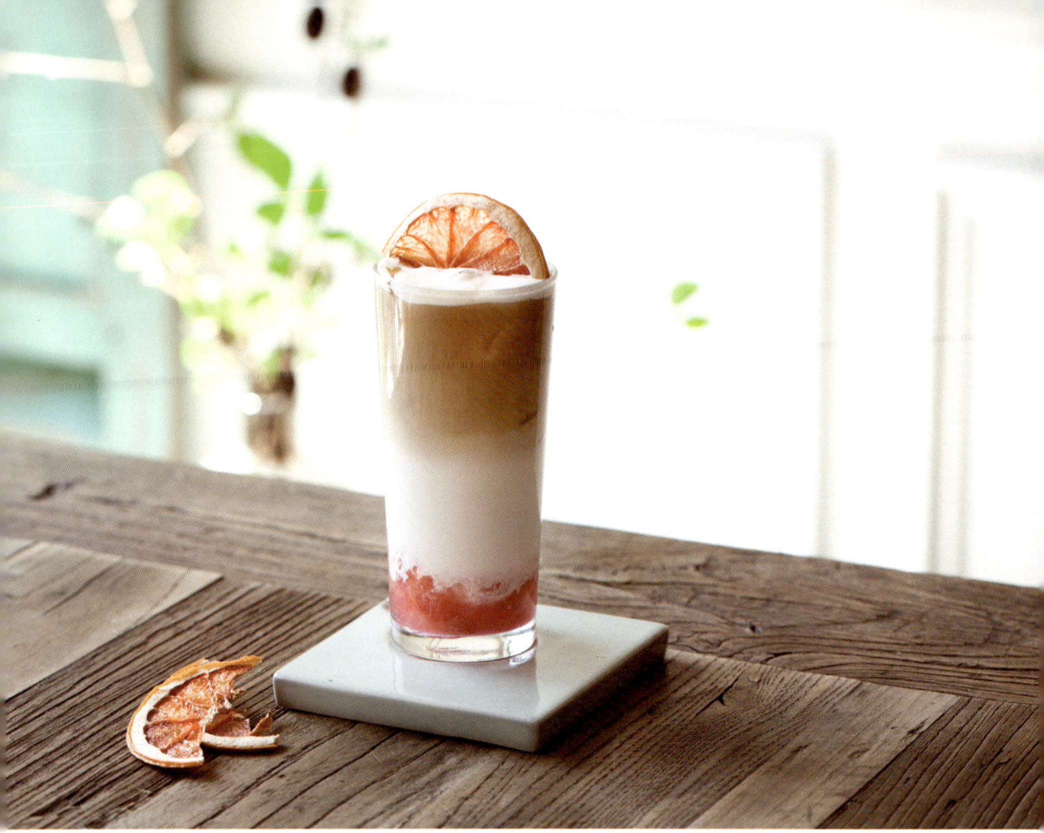

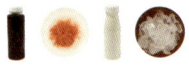

87 자몽비앙코

비앙코는 설탕에 절인 레몬, 라임 등 시트러스과의 과일청이 들어간 커피입니다. 오렌지비앙코는 카페 메뉴로 인기를 모으고 있지요. 자몽청을 이용하면 달콤쌉쌀한 맛의 매력적인 비앙코가 완성됩니다.

콜드브루커피 1/4컵(50ml),
자몽청 3큰술,
우유 1컵(200ml)
얼음 1컵
말린 자몽 1조각

1. 잔에 자몽청 3큰술을 넣는다.
2. 자몽청을 넣은 잔에 얼음을 넣는다.
3. 우유 1컵을 부은 뒤 콜드브루커피를 넣어 3단계 그라데이션을 만든다.
4. 말린 자몽 1조각을 잔 위쪽에 올려 장식한다.

COOKING TIP **말린 과일 장식하기**

비앙코는 아이스가 맛있는 음료예요. 뜨겁게 만들 경우 분리현상이 일어날 수 있어 권하지 않지요. 말린 과일이 있다면 잔 위에 장식해서 함께 음용하세요. 은은하게 우러나는 과일향이 음료의 맛을 더해줍니다.

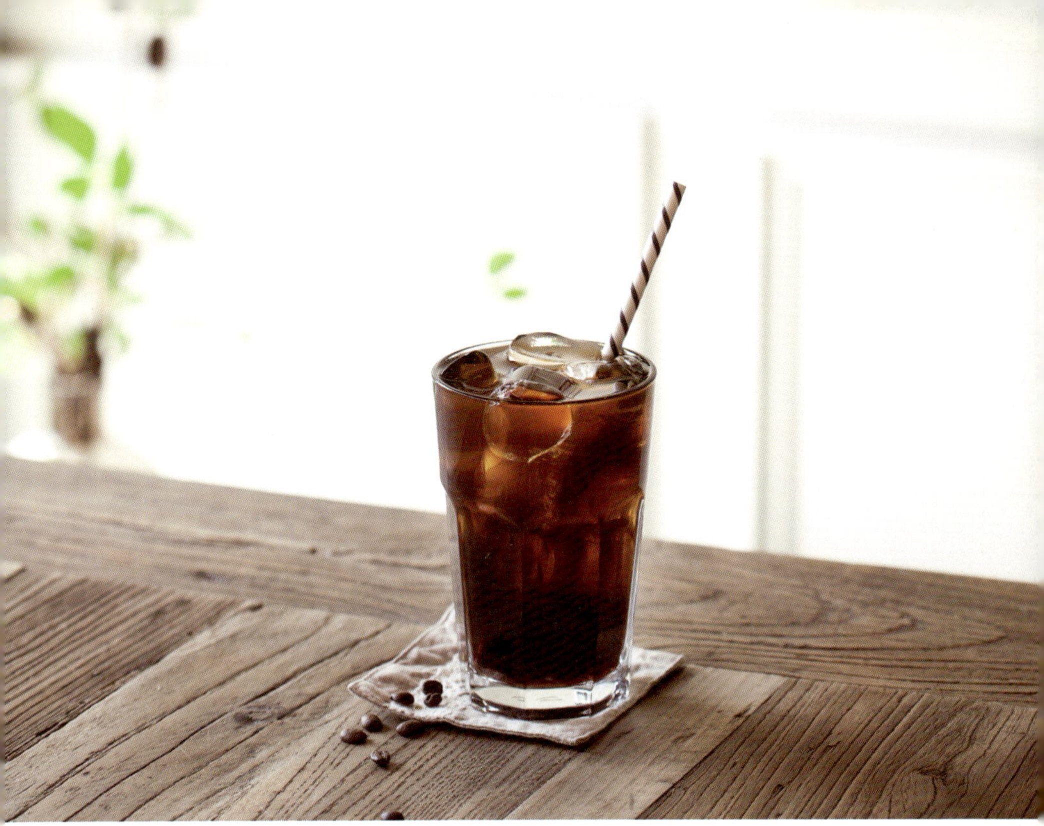

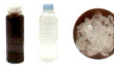

88 아이스커피

피곤한 일상에 매일 여러 잔의 커피와 홍차를 마시는 날이 많지요. 왠지 커피가 부담스러운 날에는 콜드브루커피를 연하게 희석해 아이스로 즐겨보세요. 텀블러에 담아 종일 마시기에도 좋답니다.

콜드브루커피 1/4컵(50ml), 차가운 물 1컵(200ml), 얼음 1컵

1. 뚜껑이 있는 긴 병을 준비한다.
2. 차가운 물 1컵과 콜드브루커피를 넣는다.
3. 30분~1시간 병에 담아 커피와 물이 어우러질 시간을 준다.
4. 컵에 얼음을 담고 ❸의 커피를 따른다.

COOKING TIP 콜드브루커피 숙성시간

이미 숙성된 콜드브루커피라 해도 마시기 전에 물과 커피가 어우러지도록 30분~1시간 둡니다. 조금 더 농후한 커피의 향과 맛을 즐길 수 있답니다.

초간단 디톡스 워터의 시작 **PART 5**

말린 과일로 만든 음료

과일을 말리면 영양분이 풍부해지고 맛과 향이 깊어집니다. 줄어든 수분만큼 영양소 함량 비율과 당도가 높아지지요. 제철에 구입해 말려두면 두고두고 요긴한 재료가 되어준답니다. 말린 과일은 그 당도에 비해 물에 넣었을 때 진한 맛을 내기가 어려워요. 이때 홍차나 허브차를 넣으면 바디감 좋은 워터를 만들 수 있습니다. 훌륭한 디톡스 워터가 되어줍니다.

◉ **주재료 과일과 허브**

과일은 건조 전에 슬라이스해 1차로 키친타월에 올려 수분 제거를 진행한다. 과일의 경우 5mm 두께로 잘라 자연건조는 48시간, 건조기는 12시간 정도 건조시킨다. 건조시간은 과일의 수분 함량에 따라 조금씩 달라지며 건조기 사용 시 너무 높은 온도는 과일의 색이 날아가므로 주의한다.

◉ **주의사항 자연건조 vs 건조기**

자연건조 시에는 채반에 겹치지 않게 올린 뒤 직사광선을 피해 말린다. 높아진 당도로 벌레가 생길 수 있으니 선풍기를 틀어주는 것도 방법이다. 비오는 날이나 습도가 높은 날은 자연건조를 피한다. 건조기를 이용 시에는 최대 온도인 70℃ 이하에서 건조시킨다. 70℃로 말리면 재료의 색이 바라기 쉽다.

◉ **만들기 핵심 신맛 과일에는 시럽 과정 넣기**

시트러스 과일류는 대부분 신맛이 있는데 설탕이 그 맛을 중화하고 더욱 돋보이게 만든다. 건조 전에 시럽을 바르면 반짝이는 코팅효과도 기대할 수 있는데, 반드시 사전에 재료를 키친타월에 올려 물기를 제거해야 시럽이 잘 스민다. 더 반짝이는 과일을 원한다면 중간중간 시럽을 덧바른다. 갈변되는 과일은 레몬즙을 발라 말리면 갈변을 늦출 수 있다.

◉ **보관법 차곡차곡 쌓아 냉동보관**

말린 과일은 밀폐용기에 차곡차곡 쌓듯 담아 냉동보관한다. 1회 사용량씩 소분해 지퍼백에 넣어 보관해도 좋다. 과일의 원형이 망가지지 않도록 신경써 보관한다. 냉동보관 시 1년 정도 사용이 가능하다.

말린 레몬

디톡스 워터의 최강자로 떠오르면서 말린 레몬을 판매하는 곳도 늘고 있습니다. 굳이 따로 구입할 필요 없이 레몬과 설탕, 그리고 넉넉한 시간만 있다면 누구나 손쉽게 가정에서 말린 레몬을 만들 수 있답니다. 레몬을 말릴 때는 영양과 향이 집중된 껍질도 꼭 함께 말려주세요. 레몬을 말리면 비타민, 미네랄, 칼륨 등의 영양성분이 5~10배 이상 올라갑니다.

레몬 중간크기 2개, 설탕시럽 4큰술

1. 레몬을 세척한 후 물기를 제거한다.
2. 5mm 두께로 썰어 레몬의 씨를 제거한다.
3. 키친타월에 앞뒤로 30초씩 올려 수분을 뺀다.
4. 설탕과 물을 1:1 비율로 섞은 시럽에 담갔다 뺀다.
5. 채반에 널어 바람이 잘 통하는 곳에 2일 정도 건조한다. 건조기 사용 시에는 60℃에서 6시간 건조한다.

자연건조 or 건조기

말린 라임

라임 중간크기 3개, 설탕시럽 4큰술

1. 라임을 세척한 후 물기를 제거한다.
2. 손질한 라임을 3mm 두께로 썬다.
3. 키친타월에 앞뒤로 10초씩 올려 수분을 제거한다.
4. 설탕과 물을 1:1 비율로 섞은 시럽에 담갔다 뺀다.
5. 채반에 널어 바람이 잘 통하는 곳에 하루 건조한다.

※ 건조기 사용 시에는 50℃에서 6시간 건조한다.

자연건조 or 건조기

말린 자몽

자몽 중간크기 1개, 설탕시럽 4큰술

1. 자몽을 세척해 물기를 제거한다.
2. 손질한 자몽을 7mm 두께로 썬다.
3. 키친타월에 앞뒤로 30초씩 올려 수분을 제거한다.
4. 설탕과 물을 1:1 비율로 섞어 만든 시럽에 담갔다 뺀다.
5. 채반에 널어 바람이 잘 통하는 곳에 2일 정도 건조한다.

※ 건조기 사용 시에는 60℃에서 12시간 건조한다.

건조기

말린 키위

키위 중간크기 3개, 설탕시럽 2큰술

1. 키위 껍질을 제거한다.
2. 키위를 7mm 두께로 썰어 준비한다.
3. 건조기에 키위가 겹치지 않게 올린다.
4. 설탕과 물을 1:1 비율로 섞은 시럽에 담갔다 뺀다.
5. 60℃에서 12시간 건조한다.

건조기
말린 블루베리

블루베리 200g

1. 블루베리를 세척하여 물기를 제거한다.
2. 건조기에 블루베리가 겹치지 않게 올린다.
3. 60℃에서 12시간 건조한다
4. 12시간 후 말라 있는 블루베리를 모아 터지지 않을 정도로 주무른다. 맛과 향이 더 좋아진다.
5. 다시 60℃에서 2시간 건조한다.

자연건조
말린 바질

바질 20g

1. 바질을 줄기째 준비한다.
2. 바질을 한옹큼 잡아 실로 묶는다.
3. 통풍이 좋고 볕이 잘 드는 곳에 매달아둔다.
4. 2일 정도 바싹 말린다.

자연건조
말린 애플민트

애플민트 20g

1. 애플민트를 물로 세척한 후 물기를 제거한다.
2. 채반에 겹치지 않게 가지런히 올린다.
3. 볕이 좋은 곳에 2일 정도 말린다.

건조기
말린 파인애플

파인애플 중간크기 1개

1. 파인애플 한 통 껍질을 제거한다.
2. 원통모양 그대로 5mm 두께로 자른다.
3. 키친타월에 올려 앞뒤로 10초씩 수분을 제거한다.
4. 건조기에 파인애플이 겹치지 않게 잘 올린다.
5. 60℃에서 12시간 건조한다.

쿨 믹스 비타민 워터 8

말린 과일을 이용해 간단하게 즐기는 비타민 워터를 만들었습니다.
에너지 충전에 더없이 좋지요. 믹스워터를 만들 때는 과일을 말린 상태에서
과육의 단단함이 비슷한 과일끼리 묶어주세요. 물에 성분이 우러나는 시간이
비슷해서 맛의 밸런스를 이룹니다. 새콤한 맛과 달콤한 맛의 과일도
서로 좋은 짝꿍이 됩니다. 매일 아침 텀블러에 넣어 하루를 시작하세요.

89 베리로즈워터
말린 블루베리 8개+로즈페탈 1작은술+물 250ml
효과 면역력 강화+활성산소 억제+시력회복+여성질환 탁월

90 핑크레이디워터
말린 자몽 1조각+말린 블루베리 4개+말린 바질잎 1장+히비스커스 1작은술+물 250ml
효과 체중감량+피부개선+신장기능 개선+면역력 강화

91 레몬로즈마리워터
말린 레몬 2조각+말린 로즈마리 1작은술(2g)+물 250ml
효과 피로회복+항산화+디톡스+뇌기능 활성화

92 피나콜라다워터
말린 파인애플 1조각+코코넛워터 250ml
효과 소화흡수+피로회복+노폐물 배출+근육강화

93 애플민트라임워터
말린 애플민트 1작은술(2g)+말린 라임 2조각+물 250ml
효과 소화흡수+면역력 향상+신경안정

94 그린티멜로디워터
말린 레몬 1조각+말린 자몽 1조각+녹차 1작은술+물 250ml
효과 항산화+체중감량+피부개선

95 키위스트로베리워터
말린 키위 3조각+스트로베리 홍차 티백 1개+물 250ml
효과 변비 예방+피부개선+고혈압 예방

96 자몽파인워터
말린 자몽 1/2조각+말린 파인애플 1/2조각+물 250ml
효과 천연 소화제+감기 예방+피로회복+숙취해소+빈혈 예방

만드는 방법
1. 깨끗이 세척한 병을 준비한다.
2. 병에 말린 과일이나 허브를 넣는다.
3. 뚜껑을 닫고 잘 흔든 뒤 냉장실에서 12시간 냉침한다.
4. 12시간 후 성분이 잘 섞이게끔 흔들어 음용한다.

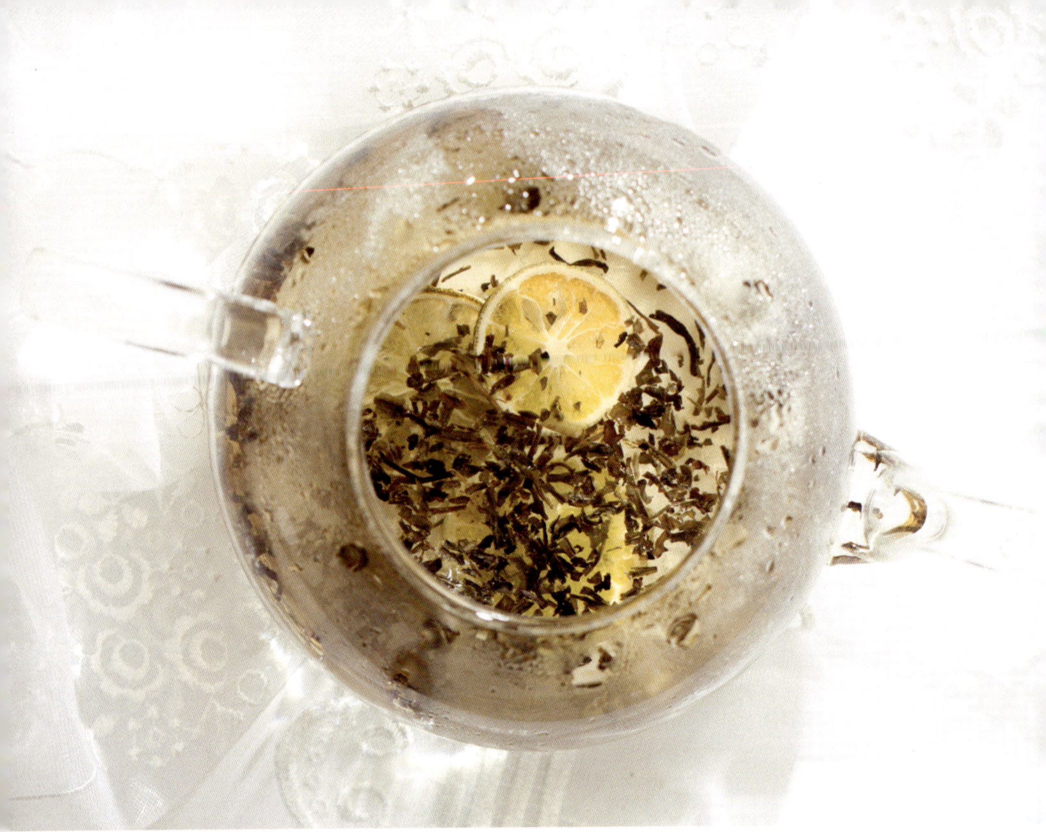

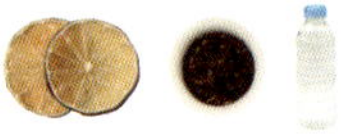

97 라임다즐링티

잘 익은 머스켓포도향이 나는 다즐링에 말린 라임을 넣고 뜨거운 물에 우리면 향긋한 과일향 가득한 홍차가 완성되지요. 더운 여름 찬 음료 대신 추천하는 차예요. 에어컨 바람이 쌀쌀하게 느껴질 때 포트에 물을 끓이세요.

말린 라임 3조각,
다즐링 홍차
1작은술, 뜨거운 물
1과1/2컵(300ml),
티포트와 잔 데울 물

1. 물을 끓여 티포트와 잔의 1/2까지 붓고 30초간 예열한다.
2. 예열한 티포트에 말린 라임과 다즐링 홍차를 넣고 뜨거운 물 1과1/2컵을 붓는다.
3. 4분 뒤 말린 라임을 건지지 않고 예열한 잔에 우려진 티만 따른다.

 다즐링 홍차 선택하기

인도 히말라야 기슭에서 재배되는 다즐링 홍차는 수확하는 시즌에 따라 3가지로 나뉩니다. 3~4월의 퍼스트플러쉬, 5~6월의 세컨드플러쉬, 가을의 오텀널이 있지요. 이중 향이 좋기로 유명한 세컨드플러쉬가 가장 인기가 좋답니다.

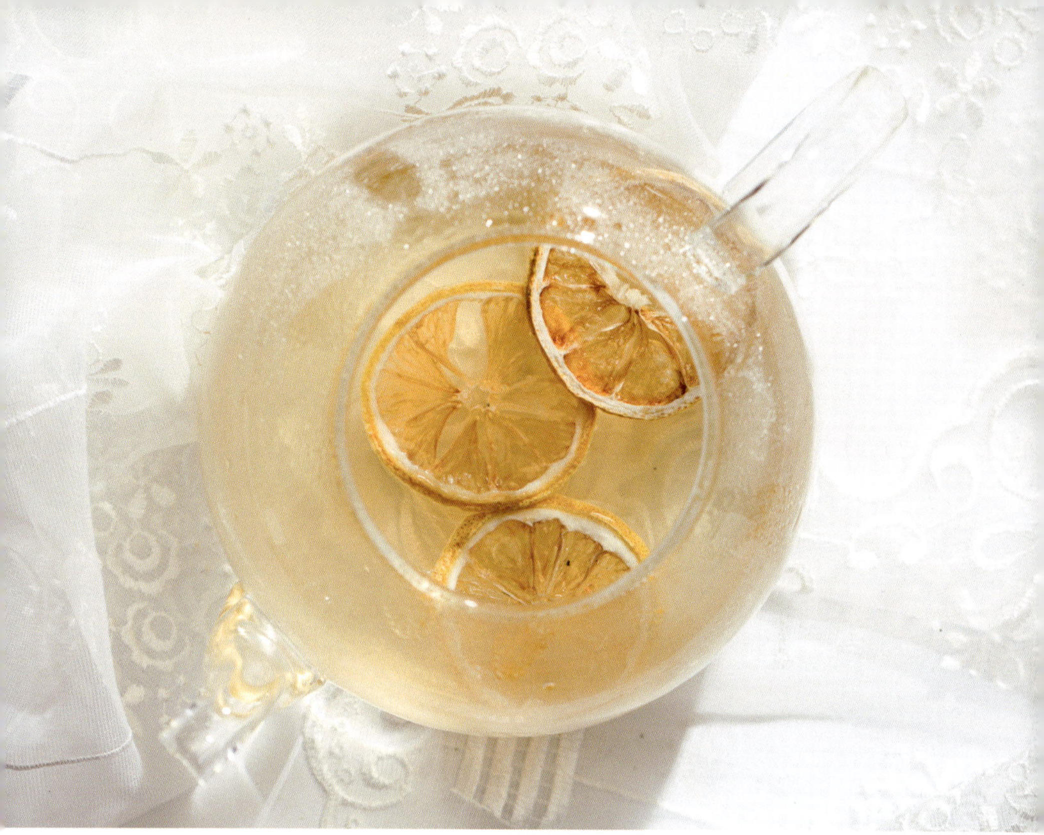

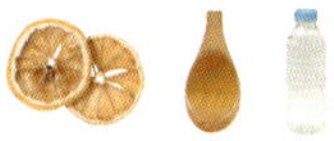

98 허니레몬티

레몬과 꿀의 조합은 겨울철 그 효능이 가장 빛나지요. 기침이 심할 때 레몬에 꿀을 함께 넣어 드세요. 목이 안정되면서 기침이 줄어드는 걸 느낄 수 있어요. 종종 레몬청 만들 때 꿀을 넣기도 하는데 청에 꿀을 넣으면 물처럼 변해 추천하지 않습니다.

말린 레몬 3조각, 꿀 1큰술, 뜨거운 물 1과1/2컵(300ml), 티포트와 잔 데울 물

1. 물을 끓여 티포트와 잔의 1/2까지 붓고 30초간 예열한다.
2. 예열한 티포트에 말린 레몬과 꿀 1큰술을 넣고 뜨거운 물 1과1/2컵을 붓는다.
3. 4분 뒤 말린 레몬을 거르지 않고 우려진 티를 예열한 잔에 따라 마신다.

COOKING TIP 새콤한 맛 레몬즙 더하기

말린 레몬은 레몬향은 나지만 새콤한 맛은 덜하지요. 레몬차를 새콤하게 즐기고 싶다면 레몬즙 1/2큰술을 추가하세요. 금세 새콤한 레몬 특유의 맛과 향이 입안에 감돌아요.

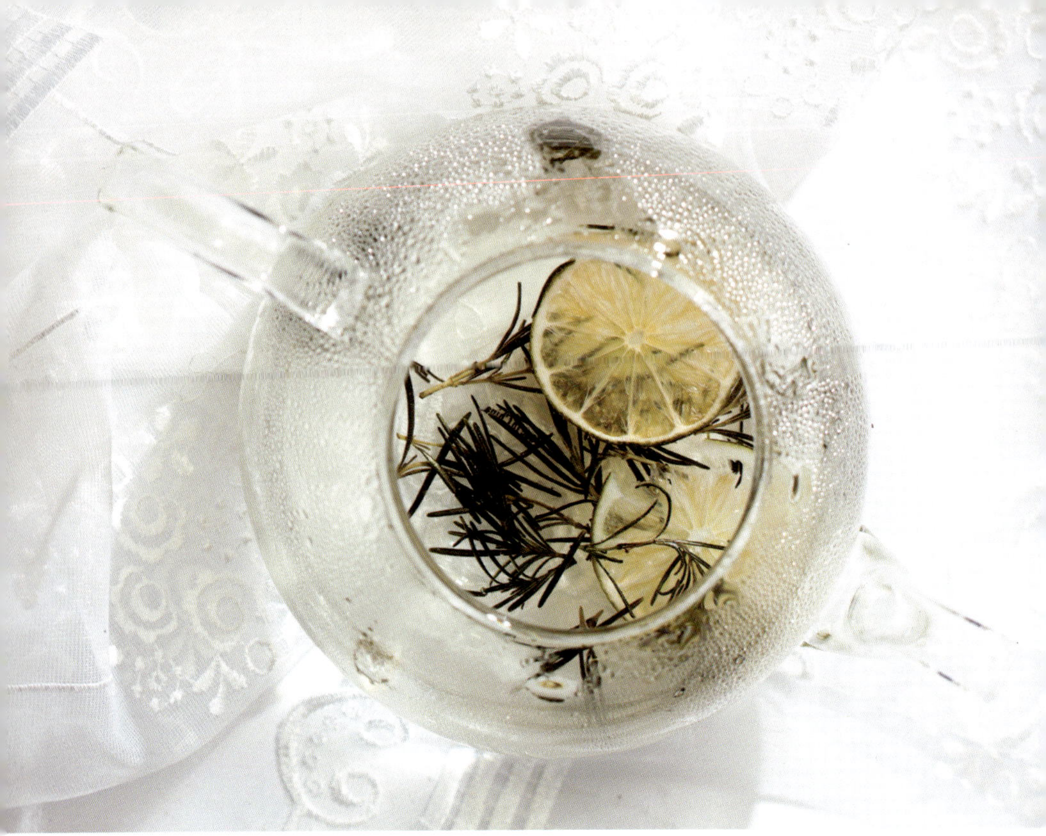

99 로즈마리라임티

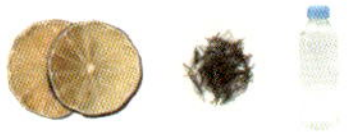

라임은 강력한 항산화 작용을 하는 플라보노이드 성분이 많이 들어 있어 항암효과가 뛰어나지요. 스트레스 완화에 좋은 로즈마리와 함께 믹스해 뜨거운 차로 드세요. 보약과 같은 차입니다.

말린 라임 2조각,
말린 로즈마리 1작은술(2g),
뜨거운 물 1과1/2컵(300ml),
티포트와 잔 데울 물

1. 물을 끓여 티포트와 잔의 1/2까지 붓고 30초간 예열한다.
2. 예열한 티포트에 말린 라임과 말린 로즈마리를 넣고 뜨거운 물 1과1/2컵을 붓는다.
3. 4분 뒤 말린 라임과 로즈마리를 거르지 않고 우려진 티를 예열한 잔에 따라 마신다.

COOKING TIP **향과 맛 UP 시키기**

말린 로즈마리의 향이 너무 약하게 느껴진다면 생로즈마리를 넣어보세요. 진하게 즐기려면 앞에서 만들어봤던 라임청을 추가해주세요. 향긋한 향과 진한 맛이 더해집니다.

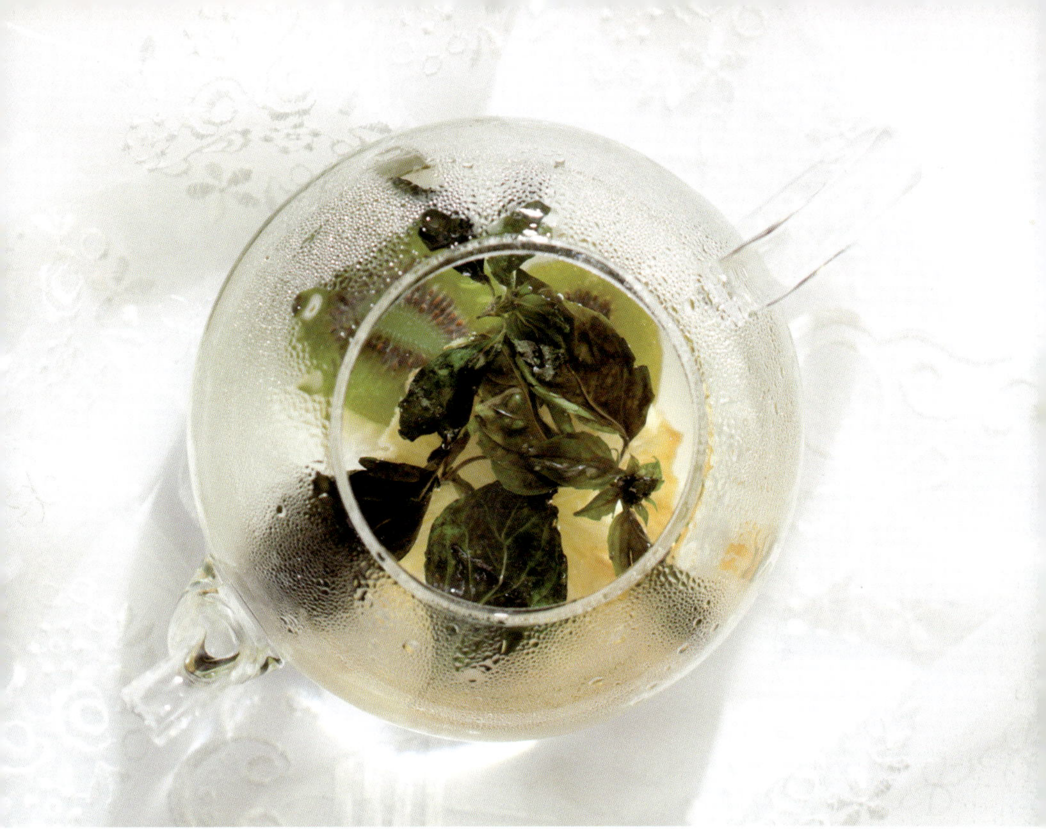

100 키위바질티

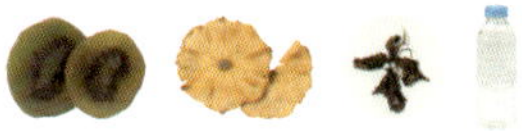

바질은 위를 튼튼하게 해주는 허브입니다. 항균작용도 좋아 바이러스로 인한 질환에도 도움이 되지요. 하지만 차로 즐기기에 특유의 향이 강한 편이지요. 바질에 다양한 과일을 믹스해주세요. 목넘김이 한결 편해집니다.

말린 키위 2조각,
말린 파인애플 1/2조각,
말린 바질잎 5장,
뜨거운 물
1과1/2컵(300ml),
티포트와 잔 데울 물

1. 물을 끓여 티포트와 잔의 1/2까지 붓고 30초간 예열한다.
2. 예열한 티포트에 말린 키위와 파인애플, 바질잎을 넣고 뜨거운 물 1과1/2컵을 붓는다.
3. 4분 뒤 말린 과일과 허브는 거르지 않고 우려진 티를 예열한 잔에 따라 마신다.

COOKING TIP 말린 과일 즐기기

말린 파인애플과 키위, 바질 등이 넉넉하다면 다양한 요리에 응용해보세요. 특히 잘게 잘라 샐러드 위에 뿌리면 말린 과일의 강한 단맛과 더욱 풍성해진 말린 허브의 향이 샐러드의 풍미를 높여줍니다.

INDEX

◎ 에이드 + 소다

라벤더큐브소다 by 라벤더코디얼 ›› 97P
라벤더얼그레이소다 by 얼그레이시럽 ›› 130P
라즈베리크림소다 by 라즈베리청 ›› 60P
레몬에이드 by 레몬청 ›› 55P
로즈레몬소다 by 로즈코디얼 ›› 81P
바닐라라즈베리에이드 by 바닐라시럽 ›› 109P
자몽에이드 by 자몽청 ›› 28P
청포도에이드 by 청포도청 ›› 36P
패션프루트에이드 by 패션프루트청 ›› 50P

◎ 스무디 + 그나라다 + 쿨러

라임쿨러 by 라임청 ›› 44P
라즈베리익스트림스무디 by 라즈베리청 ›› 62P
라즈베리스무디 by 라즈베리청 ›› 63P
로즈스트로베리스무디 by 로즈코디얼 ›› 82P
비타민스무디 by 비타민허브코디얼 ›› 91P
자몽그라나타 by 자몽청 ›› 30P
청포도케일스무디 by 청포도청 ›› 35P

◎ 주스

딸기주스 by 딸기코디얼 ›› 70P
비타민썬라이즈 by 비타민허브코디얼 ›› 90P
엘더플라워애플주스 by 엘더플라워코디얼 ›› 86P
오렌지스파이스아이스 by 시나몬시럽 ›› 125P
인삼바나나주스 by 인삼코디얼 ›› 102P
청포도주스 by 청포도청 ›› 37P
파인오렌지 by 바닐라파우더 ›› 153P

◎ 쉐이크 + 프라프치노

더블바닐라쉐이크 by 바닐라파우더 ›› 152P
딸기쉐이크 by 딸기코디얼 ›› 69P
딸기연유프라프치노 by 연유시럽 ›› 118P
라벤더블루베리쉐이크 by 라벤더코디얼 ›› 96P
밀크티쉐이크 by 밀크티파우더 ›› 161P
엘더플라워바닐라쉐이크 by 엘더플라워코디얼 ›› 87P
초코쉐이크 by 초코시럽 ›› 136P
카라멜쿠키쉐이크 by 카라멜시럽 ›› 115P
키위밀크프라프치노 by 연유시럽 ›› 121P

◎ 모히또 + 에일 + 비어

라즈베리모히또 by 라즈베리청 ›› 61P
모히또 by 라임청 ›› 46P
스트로베리바질 by 딸기코디얼 ›› 71P
진저비어 by 진저코디얼 ›› 76P
진저에일 by 진저코디얼 ›› 74P

◎ 핫초코 + 아이스초코

라즈베리아이스초코 by 핫초코파우더 ›› 156P
시나몬핫초코 by 초코시럽 ›› 134P
얼그레이아이스초코 by 초코시럽 ›› 135P
진저핫초코 by 핫초코파우더 ›› 157P

◎ 그밖의 아이스

라벤더레몬비네거 by 라벤더코디얼 ›› 99P
라임큐컴버 by 라임청 ›› 45P
레드트로피컬 by 비타민허브코디얼 ›› 92P
레몬콕 by 레몬청 ›› 57P
코코넛청포도 by 청포도청 ›› 34P
패션프루트로제티 by 패션프루트청 ›› 51P

◎ 밀크티

냉침밀크티 by 냉침차 ›› 166P

바닐라시나몬밀크티 by 바닐라시럽 ›› 110P

로얄밀크티 by 밀크티파우더 ›› 160P

얼그레이베르가못밀크티 by 얼그레이시럽 ›› 131P

◎ 우유 + 요구르트

딸기우유 by 딸기코디얼 ›› 68P

바닐라바나나 by 바닐라시럽 ›› 111P

스위트스팀밀크 by 연유시럽 ›› 119P

아이스티요구르트 by 냉침차 ›› 167P

키위요거트 by 키위청 ›› 40P

◎ 라떼 + 아이스라떼

그린티아이스라떼 by 그린티파우더 ›› 149P

라떼 by 콜드브루커피 ›› 170P

로즈라떼 by 로즈코디얼 ›› 83P

아이스바닐라라떼 by 바닐라시럽 ›› 108P

아이스소이라떼 by 에스프레소시럽 ›› 142P

얼그레이라떼 by 얼그레이시럽 ›› 128P

진저라떼 by 진저코디얼 ›› 75P

타이라떼 by 연유시럽 ›› 120P

◎ 그밖의 커피

그린티아이스에스프레소 by 그린티파우더 ›› 148P

스위트아포카토 by 에스프레소시럽 ›› 143P

아이리시커피 by 에스프레소시럽 ›› 141P

아이스카페모카 by 초코시럽 ›› 137P

아이스커피 by 콜드브루커피 ›› 173P

아인슈페너 by 콜드브루커피 ›› 171P

에스프레소블랜디드 by 에스프레소시럽 ›› 140P

자몽비앙코 by 콜드브루커피 ›› 172P

진저아이스아메리카노 by 진저코디얼 ›› 77P

카라멜마끼아또 by 카라멜시럽 ›› 114P

◎ 핫티 + 허브티

라임다즐링티 by 말린 라임 ›› 182P

라임바닐라티 by 라임청 ›› 47P

라벤더레몬티 by 라벤더코디얼 ›› 98P

레드비타민 by 비타민허브코디얼 ›› 93P

레몬티 by 레몬청 ›› 54P

로즈마리라임티 by 말린 라임+말린 로즈마리 ›› 184P

로즈우바티 by 로즈코디얼 ›› 80P

애플시나몬티 by 시나몬시럽 ›› 124P

인삼계피차 by 인삼코디얼 ›› 103P

허니레몬티 by 말린 레몬 ›› 183P

키위바질티 by 말린 키위+말린 파인애플+말린 바질잎 ›› 185P

핑크자몽티 by 자몽청 ›› 31P

◎ 아이스티 + 아이스허브티

그린티멜로디워터 by 말린 레몬+말린 자몽 ›› 181P

레몬로즈마리워터 by 말린 레몬+말린 로즈마리 ›› 180P

레몬홍차아이스티 by 레몬청 ›› 56P

베리로즈워터 by 말린 블루베리 ›› 180P

아이스와인 by 냉침차 ›› 165P

얼그레이아이스티 by 얼그레이시럽 ›› 129P

애플민트라임워터 by 말린 애플민트+말린 라임 ›› 181P

애플샤워 by 냉침차 ›› 164P

자몽그린아이스티 by 자몽청 ›› 29P

자몽파인워터 by 말린 자몽+말린 파인애플 ›› 181P

키위민트아이스티 by 키위청 ›› 41P

키위스트로베리워터 by 말린 키위 ›› 181P

피나콜라다워터 by 말린 파인애플 ›› 181P

핑크레이디워터 by 말린 자몽 ›› 180P

청+코디얼+시럽+파우더+말린 과일

한입에 가정식 음료 100

2021년 7월 15일 4쇄 발행

요　　리	//	신송이
사　　진	//	박종혁(histudio)
스타일링	//	박현희
스타일링 어시스트	//	송미리
디 자 인	//	**eightball studio**
장소협찬	//	카페 오붓(O·Beut)

펴 낸 이	//	문영애
펴 낸 곳	//	수작걸다
주　　소	//	16825 경기 용인시 수지구 동천로 64
전　　화	//	02-2066-7044
이 메 일	//	suzakbook@naver.com
인스타그램	//	@suzakbook
출 력·인 쇄	//	도담프린팅

값 12,000원

ISBN 978-89-6993-016-3　14590

저작권법에 따라 보호받는 저작물이므로 무단 전재와 무단 복제를 금지하며,
이 책 내용의 전부 또는 일부를 이용하려면 반드시 저작권자와 수작걸다의 서면 동의를 받아야 합니다.
* 인쇄 및 제본에 이상이 있는 책은 바꾸어 드립니다.